CRIME SCENE DO NOT CROSS

CRIME SCENE

犯罪心理档案

犯罪心理专家教你读懂犯罪心理

CRIMINAL PSYCHOLOGICAL ARCHIVES

畅销2版

曲　楠◎著

CRIME SCENE DO NOT CROSS

中国法制出版社
CHINA LEGAL PUBLISHING HOUSE

前言

吞噬了一条又一条鲜活生命的连环杀手的动机究竟是什么？哪些因素造就了他们扭曲的、恶魔般的灵魂？灭门案背后的真相是什么？是谁把魔掌伸向天使般的孩子和花样年华的女学生？或许我们无法想象，好莱坞大片中的警匪大战会有其真实的原型，在大峡谷中与FBI特工上演警匪追逐大戏的是“何方神圣”？

本书作者在介绍案情的同时，针对罪犯心理进行了深入分析，并从犯罪预防的角度提出建议，使读者在阅读的过程中增长知识、开阔视野，提高犯罪预防和自救本领，在未知的风险面前保护自身安全。“魔鬼就在每个人的身边，魔鬼就在每个人的心里。”变态恶魔、连环杀手、形形色色的罪犯并非影视作品的虚构，他们活跃在现实世界中，甚至就在我们周围。如果不想成为下一个无辜的受害者，我们就要了解犯罪，走进罪犯的内心世界，清楚他们的所思所想，并提高自我保护能力，当危险真的降临时，头脑冷静，斗智斗勇，为自己赢得一线生机。

目录

目录

犯罪心理档案

银行的枪声

案发：1991 年 3 月 22 日，在美国亚利桑那州的瓦雷国家银行温斯洛支行，一名身着灰色运动衣的男子镇定自若地靠近服务台。他神色如常，提出要和支行经理单独见面。见到支行经理后，这名男子说自己需要一笔 25000 美元的贷款。经理随即拿出相关表格让他填写，并且指出只要符合条件，这笔贷款根本不是问题。但在填写的过程中，这名男子却突然变得不安起来，语无伦次，支行经理根本无法从他的表述中得知他想要表达的意思。然后，男子突然掏出了枪，索要 25000 美元现金，事情终于清楚了——这名男子是劫匪。经理一边试图稳住这个情绪激动的男人，一边喊来银行的出纳，告诉她准备好钱。而在此之前，另一位见势不妙的出纳已经通过无声报警器悄悄报了警。

接到报警之后，警局的一位警员只身前往银行，据说是因为当时小镇上只有一个值班警察。可是，这毕竟是银行抢劫案，只派一个警察去能否制伏劫匪？事实上，案件解决的顺利程度超乎人们的想象。当这位警员赶到的时候，劫匪正试图挟持支行经理一起离开，并且没有发现警察的到来。于是，这位自从业以来未曾开过一枪的菜鸟警员乘机上前，从背后制住了嫌疑犯，并将其扭送到温斯洛警局。

随后，这名男子的信息被找了出来：丹尼·雷·霍宁，32 岁，温斯洛人。他曾多次抢劫银行，且有着数不尽的前科，坐过牢，还背负着好几张通缉令。这里面就包括盐湖城银行抢劫案、爱达荷州汽车抢劫案以及一桩杀人案的指控。在庭审之后，法院判决其有4项罪名成立，每项罪名的刑期为25年，立即执行。

但这并不是整个案件的结束，仅仅是大戏开场之前的暖场。

神转折：在好莱坞的大银幕上，许多超级英雄都是在即将被敌人打败的瞬间小宇宙爆发，然后以人生赢家的姿态收获鲜花、掌声、抱得美人归。就好比警报器响起之后放大招秒杀敌人的奥特曼，又好比失去超能力后瞬间扭转局势的超人。

法院的宣判明显惹恼了这个叫作丹尼的男子，他宣称自己将会在一年后离开监狱，去报复那些抓捕过他的执法人员，还说自己不怨恨银行工作人员报警，却恼怒警方抓捕他。当时，所有人都对此嗤之以鼻，这个人是疯了吗？然而，1992年5月12日，丹尼真的从亚利桑那州州立监狱成功越狱，入狱还不满一年，他就兑现了自己的“承诺”——离开监狱。而越狱的过程也颇具戏剧性：丹尼穿着偷来的医务人员制服，戴着别人的工作证，大摇大摆地走出了监狱，没有任何人发现异常，简直和好莱坞大片一样。当警报响起时，丹尼早已经逃之夭夭。

经过多日搜寻，警方并没有发现丹尼的踪迹，但从与丹尼一起关押的犯人口中，警察得知他对执法部门怀有强烈的仇恨。为了尽量避免丹尼越狱之后可能造成的社会危害，亚利桑那州州立监狱立即将追捕丹尼的案子移交给当地的FBI。

追踪：据FBI办案人员分析，根据之前丹尼的表现，他很可能会回到温斯洛，因为那里是他被抓捕以及被判刑的地方。除此之外，1991年丹尼被判入狱之后，还曾经给温斯洛警局寄去一封恐吓信，称自己会在一年内出狱，并且会回去找他们算账。且不必吐槽身陷囹圄的丹尼如何从大狱中寄出那封发往警局的恐吓信，总之，根据这些线索，FBI的调查员把追踪的重点放在温斯洛这座小镇。就在丹尼越狱的第二天，凤凰城的一位特工得到线报，丹尼在距离监狱32千米的地方闯入一所民居，并且偷走了两把手枪。越狱、抢枪、有过杀人的前科，还对执法部门怀着强烈的怨恨和仇视，这些情况综合在一起，使得FBI探员非常担忧——丹尼随时有可能再次杀人。更令FBI探员担忧的是，丹尼突然销声匿迹了。搜寻队伍从最开始的100多名FBI特工及警察扩大到后来的500多人，其中大多是亚利桑那州以及温斯洛地方执法部门的警察。

追捕：丹尼·雷·霍宁的思维方式显然不是一般人能够理解的，在销声匿迹一段时间之后，他再次出现在亚利桑那州旗杆山附近。接下来，连续一个星期，通缉犯丹尼每天都会厚着脸皮去山上的野营地向露营的人们索要食物和水；之后，他又赶在FBI到来之前逃进山里，或许是因为慌乱，他丢下了一个背包和一把枪。

FBI探员和警察在山里兜兜转转也没有找到活跃了一个星期的丹尼，却在无意中发现了一间破旧的房子。丹尼在房子里留下了一张便条，上面写着感谢房子的主人让他有栖身之处，并且告诉FBI不要再找他了，便条末尾还写着请FBI将他丢下的背包寄还给他的父母。看到这张便条，探员和警员面面相觑，这简直是在开玩笑，一种被戏弄的愤怒感在每一个人的心中升起。可一路追踪之后，他们依旧只是不断地发现丹尼偷盗并且遗弃的车子，但 FBI 探员知道他们离丹尼越来越近。1992 年 6 月 20 日，丹尼被发现正开着一辆偷来的车逃亡，FBI 探员两眼放光，紧追不放，眼见开车逃脱无望的丹尼再次弃车逃入森林。有趣的是，丹尼再次在车上留下了便条，上面写着对车主的道歉，抱歉偷了他的车子，还开到这么远的地方。案件的发展方向有些令人不忍直视。

此时，一些毫无底线的媒体出现了，他们将丹尼描述成一个民间英雄，这种造势给搜捕工作带来了更大的麻烦，因为媒体的宣传会降低民众举报丹尼的热情，说不定还会偷偷地帮他一把。

亚利桑那州北部地广人稀，相对落后，这使得丹尼的藏匿计划执行起来更加容易。所以，他总是给人一种神出鬼没的感觉，FBI 探员和警察明明一直紧紧地跟在他的身后，却始终没能将其抓捕归案。

似乎没有人能够跟得上丹尼的思维，消失无踪的他在 1992 年 6 月 25 日挟持了两名人质，并要求他们将自己载到 70 多千米外的大峡谷中。在那里，丹尼要求两名人质在酒店开了一间房。三个人在房间内休息了一晚之后，丹尼又让两名人质帮他购买了一套高科技的野营装备。

之后，丹尼故技重演，在大峡谷的野营地中向人们索要食物和苏打水，但这一次，有人认出他并且及时报了警。FBI 迅速赶来，或许是出于以往屡次被他逃脱的教训，这次 FBI 不仅派出自己的人质解救小组，还找来特种部队，拉开搜捕网，力求在大峡谷中将丹尼逮捕归案。但是，丹尼再次逃脱了，并且绑架了来自得克萨斯州的一个六口之家。

起初，那家人并没有认出这个人是通缉犯丹尼。于是，丹尼略带得意地进行自我介绍，并且很郑重地说他们已经被自己绑架了。让人啼笑皆非的是，六口之家的男主人抱怨自己星期一还要上班，所以拒绝被绑架。当然，这并没有什么用。

随后，整件事情失控了。这家人的小儿子最初并没有和家人在一起，当他回来时，看见丹尼手中的枪，立即惊慌失措地向护林员所在的方向跑去；其余人也趁机四散逃开。逃跑时，他们还很害怕丹尼会开枪射击，万幸的是他并没有这样做。无奈之下，丹尼只能带着最开始的两名人质继续逃亡。至于这两个人为什么那么听话，没有跟着众人一起逃跑，这确实是一件令人费解的事情。

这一次，FBI 赶来的速度比之前更快，大峡谷中的巡警也加入追捕的行列，但都被丹尼几个漂亮的漂移躲开了。可他仍然无法彻底甩掉紧紧跟在后面的探员，丹尼开始抓狂，大声责问 FBI 探员为什么一直对他穷追不舍，甚至差点将坐在后座的两名人质甩出车外，幸好他们牢牢地抓住椅背。情急之下，丹尼向后开了枪，虽然什么也没打中，但还是逼迫探员放慢了车速。最终，丹尼抛弃了从未试过逃跑并且一直守在自己身边的两名人质，独自消失在大峡谷当中。FBI 探员在丹尼遗弃的汽车中发现了一卷录音带，里面存有丹尼的留言，他要求警方释放他的哥哥——一个性侵儿童的罪犯，并且要求警方为其提供一辆车和一些现金。在留言中，他威胁警方如果不照办就会杀掉人质，但很显然这只是虚张声势，因为丹尼手里的人质已经被他抛弃了。在留言的最后，丹尼开始大肆嘲讽执法人员的无能。被激怒的 FBI 探员迅速展开大范围搜捕，同时他们接到命令，必须在一个星期之内找到丹尼，因为一周之后将进入旅游旺季，届时会有大量游客涌入大峡谷，再想要抓住丹尼会更加困难。尽管大峡谷国家公园很不愿意，但还是协助 FBI 暂时封闭了大峡谷，虽然没有疏散里面的人群，但只要能够禁止外面的人再进去，峡谷内的人就会越来越少，丹尼毕竟没有很强的野外生存能力，他迟早会出来的。果然，在独立日那天，丹尼再次挟持了两名英国女子，要求她们开车载他离开大峡谷。可是，四处都设有路障进行严格的检查，就在丹尼下定决心准备开枪闯过关卡的当口，检查丹尼所乘车辆的警察却没能认出他来，于是丹尼再次诡异地逃脱了。

接下来，丹尼的目的无比明确——亚利桑那州的温斯洛。在和亚利桑那州警方进行一番公路追逐战之后，丹尼再次弃车，逃入森林。随后赶来的 FBI 探员展开不知第几次的大搜捕行动，筋疲力尽的 FBI 行动小组负责人指着远方的一处亮光问那里是什么地方，一名当地的执法人员回答是塞多纳，负责人立即判断出那里就是丹尼的目的地。但当地警察异口同声地说丹尼不可能到得了那里，因为两地有 54 千米之远，不走公路的话就只能穿越峡谷和悬崖，夜间在峡谷和悬崖中逃亡简直和找死差不多。FBI 探员听从他们的意见，展开原地搜索。

但是，神奇的事情再次发生。晚上 10 点左右，FBI 探员接到来自塞多纳的一对夫妇的报案，说他们在自己的屋子后面发现一个人正在喝水，这个人看起来很像通缉犯丹尼。所有人顿时都不淡定了。华灯初上的时候，双方还在公路上前后追逐，之后丹尼才弃车逃跑，距离此时才过去多长时间，丹尼是怎样飞跃峡谷和悬崖，逃出那么远的呢？那可是 54 千米的路程啊！尽管匪夷所思，但 FBI 探员还是选择相信那对夫妇见到的就是丹尼·雷·霍宁本人。当他们火速赶到的时候，果然抓到了苦苦追寻多日的丹尼，而此时的他已经疲惫到连站起来的力气都没有了。丹尼确实在短到不可能的时间里穿越了重重峡谷和悬崖，逃到了即便是直线距离也有 40 多千米的地方。

结局：就这样，在越狱 56 天之后，丹尼再次被抓捕归案，同时以前所未有的速度被送到加利福尼亚州最高法院。在那里，他被判处死刑且立即执行——法院不会再给他一次越狱的机会了。

犯罪心理分析

整个案件用时下流行的话来说就是天雷滚滚、槽点满满，甚至更像是好莱坞出品的一部劣质电影，但它真实地发生了。所以，让我们暂时遗忘掉那些雷点和槽点，一起来分析一下这起猫捉老鼠似的案件。

首先，审视丹尼最初被抓捕。从进门假装要贷款到开始抢劫，直至最后被抓，这一幕幕都显示出这个人是一个笨到极点的蠢贼。但是在他越狱之后，我们又意外地发现他不可能是个笨蛋，否则怎么会在 FBI 和当地警察的重重包围中屡次逃脱、逍遥在外呢？那么，丹尼当时之所以被抓，只能说明他倒霉到了极点，或许说那个只身办案的小镇警察就是他的“生死劫”。

通过在法庭上的表现可以看出丹尼是一个极度自负的人，而后面的事实也证明他不仅自负，而且确实有自负的实力——他成功地越狱了。那么，继续回顾开始被抓时的情形，一个可以换身衣服就光明正大走出监狱的逃犯，应该不会是一个慌慌张张的人，所以他在银行时的表现就显得极不合理。究其原因，或许有可能是他的精神状态有问题。

精神状态有问题这一推测倒是存在一些佐证，如丹尼在逃亡的路上并没有刻意藏匿起来，而是落落大方且脸皮极厚地向野营的人们索要食物。他似乎很少故意掩饰自己的踪迹，给人一种离开视线不过是因为逃累了，想歇一歇，等休息好了就会再次出现的感觉。

纵观整个案情，除了1990年那桩凶杀案的指控，经历56天逃亡的丹尼似乎并没有实质性地伤害过任何一个人。这不禁让人怀疑他真的是一个残忍的杀人犯吗？但毕竟事实摆在眼前，他与死者有矛盾，并且在抢劫温斯洛银行的时候手里的枪是死者的东西。所以，他至少是脱不了干系的。

在之前的银行抢劫案中，丹尼都是戴着面具作案的，但在温斯洛银行抢劫案中没有戴面具，这是为什么呢？最有可能的原因就是他是回去进行报复的，他希望被抢劫的人知道这是谁干的，以他颇为自负的性格来看极有可能如此，这也是FBI犯罪心理学家经过多次论证分析得出的结果。

犯罪预防指南

一旦我们遇到类似的奇葩罪犯该怎么防范呢？开玩笑地说，貌似不需要什么防御措施，因为纵观整个案件，除那个疑似被丹尼谋杀的受害者之外，没有任何人因其受伤。或许有一点需要注意，那就是当你不幸成为丹尼的人质，在汽车里跟着他上演“公路大逃亡”的时候，一定要扶稳坐好，否则很有可能被甩出车外，无辜殒命。

言归正传，虽然我们无法避免意外的发生，比如，身边突然出现抢劫犯，或者突然被匪徒劫持，但是被劫持，并不意味着我们只能坐以待毙。

首先，尽量保持冷静。被挟持是突发性事件，当事人在毫无心理准备的情况之下遭此横祸，肯定会惊慌失措。但是在最初的惊慌过后，我们一定要尽快冷静下来，这样才能利用稍纵即逝的机会进行自救。另外，如果在被挟持的时候惊慌失措、乱喊乱叫，很有可能会做出一些不理智的行为，一旦这些行为激怒了歹徒，后果将不堪设想。

其次，想办法和歹徒沟通。歹徒挟持人质多是为了保证自己能够安全逃离，通常无意伤人。所以在有希望逃脱的时候，他们是不会轻易伤害人质的。不仅人质会紧张，歹徒也会紧张，所以需要我们在与歹徒沟通之后尽可能地做出配合歹徒的表示，令他产生安全感，尽快冷静下来。

再次，歹徒绑架人质最重要的目的是逃离现场，所以在劫持人质的时候，一般都会选择相对弱小且行走无碍的人，这就给我们留下了机会。比如，在被挟持之后假装自己扭到脚之类的，这样一来，歹徒很可能会丢下“累赘”独自逃走。当然，这个时机必须要选择好，否则有可能惹怒歹徒，受到伤害。最好是在歹徒短暂脱离人们视线的时候，在这段时间里歹徒会产生独自一人也能逃走的错觉，而且警察马上就会追来，他也不会有时间去伤害人质、发泄愤怒。

最后，现实状况总是瞬息万变，所以寄希望于教科书一样的逃生教程是很困难且不现实的。我们一定要结合当时当地的实际情况，尽量在保证歹徒不会伤害自己，并有可能丢下自己独自逃走的前提下，努力抓住一切机会进行自救。

犯罪心理档案

愚蠢的绑架案

背景：1999 年 12 月 13 日，美国佛罗里达州阳光岛海滩笼罩着一层阴霾。在一个距离迈阿密 10 千米的地方，埃尔修和他的妻子克里斯汀正带着他们的 3 个孩子——12 岁的大女儿朱莉安娜、9 岁的二女儿朱尼尔以及 1 岁的儿子艾利克斯参加一个派对。派对上，大家都玩得很开心，但在 8 点 30 分的时候，年仅 1 岁的艾利克斯开始不停地哭闹，因为按照平时的习惯，这个时间他早应该睡觉了。无奈之下，克里斯汀决定先带着朱尼尔和艾利克斯回家休息，埃尔修则留下来带着朱莉安娜再多玩一会儿。虽然参加派对的地方离他们家仅有一条街的距离，但由于那条街上的路灯非常昏暗，出于安全考虑，埃尔修坚持让妻子开着他们的保时捷回去。

半小时之后，埃尔修带着朱莉安娜回到家中，却不见妻子和另外两个孩子的踪迹。起初，埃尔修猜想克里斯汀也许是顺路去超市买牛奶了，毕竟艾利克斯和朱尼尔都有在睡觉之前喝牛奶的习惯。几次拨通电话，另一端却始终无人接听，埃尔修虽然觉得有些不安，但还是耐心地等了一会儿。几个小时过去了，克里斯汀和两个孩子依旧不见踪影，埃尔修觉得自己不能继续等下去了。于是，他开着一辆法拉利沿着科林斯街走了好几个来回，把所有可能经过的商店都找了个遍，心中的不安越来越强烈，最后他赶去警局报了警。阳光岛警局的一位警探在接到报警之后立即采取行动，于凌晨3点左右赶到埃尔修家中。

案发：在警察的再三询问下，埃尔修想起一个细节：当他出去寻找克里斯汀和两个孩子的时候，他隐约记得妻子开的那辆保时捷还放在停车场，但是自己的另一辆林肯越野车却不见了。不过，因为当时自己急着去寻找妻子和两个孩子，所以也没有多加留意。起初，警方推测是克里斯汀在和丈夫赌气，所以故意开着另一辆车离开。但这个推测很快就被否定，因为根据埃尔修的回忆，最近两个人之间并没有什么不愉快的经历，而且自己的妻子也从没有过类似的举动。

随后，警方开始检查埃尔修家的车库，发现了一些不同寻常的线索。首先，在克里斯汀开过的那辆保时捷旁边发现几处疑似血迹的痕迹。其次，地上有不少奇怪的刹车痕迹，就好像醉驾之后留下的一样。最后，在车子的后方提取到一些看起来像指甲抓痕的印记和手印，而克里斯汀的钱包和手机也不在车里。根据以上情况，警方做出一个最接近现场痕迹的推测：克里斯汀和两个孩子在自己家的车库里被绑架了。

于是，阳光岛警局决定正式立案，并且向FBI求助。因为在寻找人质的案件当中，警局明显有些力不从心，而FBI不论是装备技术还是办案经验都明显强于地方警局。

追踪：FBI犯罪分析专家认为，既然这起绑架案发生在受害者自家的车库里，那么最好就从车库内部开始调查。所以，调查员开始以埃尔修的家为中心展开了一系列调查取证。但是，似乎并没有得到有用的线索，值班的社区保安也没有发现任何异常。不过，附近的一位居民说自己在晚上 9 点多的时候隐约听见一声女子的尖叫，可他分辨不出尖叫声来自哪里。当时，保安听了这位居民的话曾经去车库里检查过，却并没有发现任何异常，就认为大概是什么人在搞恶作剧，没有再去理会。

FBI 探员在监控录像当中看到，在晚上 9 点多的时候，那辆保时捷开进了车库。几分钟之后，另一辆林肯越野车则离开了车库。但由于灯光昏暗，其间发生了什么却不得而知。

一番调查之后，FBI 对本案做出了一些推断。首先，这是一宗绑架勒索案，而首要的嫌疑人便是埃尔修家的车库管理员吉恩·费雷拉。因为绑架犯曾经进入埃尔修家的停车场，并开走了那辆林肯越野车。而参加派对的埃尔修夫妇在那天根本没有随身携带那么多车钥匙，拥有车钥匙的除埃尔修一家外，就只剩下车库管理员了。可是，调查显示这名 22 岁的委内瑞拉男子已经为埃尔修一家工作了一年多的时间，而且多次受过埃尔修一家的恩惠，所以应该是值得信赖的。但是，这个人的一些行为还是让 FBI 觉得他十分可疑，因此围绕其进行的调查并没有结束。其次，埃尔修曾经是一个赛车明星，退役之后经营着一家规模不小的电子产品公司。埃尔修和他的妻子都是巴西人，两人在佛罗里达州相遇，并且定居在这里，然后结婚生子。虽然两个人之间的感情一直不错，但 FBI 还是怀疑埃尔修是否有着什么不可告人的目的，使其不得不摆脱自己的妻子。虽然这样的猜测会让埃尔修十分难堪，但是根据 FBI 探员的经验，类似的案件也不是没有过。

当务之急是尽快找到克里斯汀和两个孩子，其中最简单的方式就是通过定位系统查找那辆越野车的位置并进行追踪。但是结果并不理想，提供定位系统的公司认为那辆车子上面的定位系统已经被人为断开，他们无法对其进行搜索和定位。警局派遣警员在各个路口进行排查，也没有发现那辆越野车和克里斯汀及两个孩子的踪迹。因为实在找不到任何有用的线索，所以 FBI 探员决定对一切有嫌疑的人进行测谎，埃尔修对这一措施非常赞同并且极力配合。

首先是对埃尔修进行测谎，接着是当天去过现场的保安们，他们都顺利地通过了测谎，但有一个人出现了问题，那就是埃尔修家的车库管理员吉恩・费雷拉。虽然埃尔修一直认为他十分可信，但 FBI 探员觉得他十分可疑。出乎意料的是，测谎的结果并没有提供很多的帮助，在没有任何证据的情况下，FBI 探员还是不能对吉恩・费雷拉采取任何行动。距离克里斯汀和两个孩子被绑架已经两天多，绑匪却没有试图进行任何形式的联系，告诉埃尔修或者警方他们要的赎金或其他要求。FBI 探员也无法判断出克里斯汀和两个孩子为什么会被绑架，更无法判断出他们所在的位置，那辆越野车同样没有找到。案件调查再次陷入僵局。

转机：就在大家一筹莫展的时候，这一天，埃尔修家的电话突然响了起来，对此，FBI 探员早就做好了准备，只要电话一打进来就可以立刻进行追踪。接通后，电话那头只有一个类似机器人的声音，说了简单的一句话便被挂断了。随后，埃尔修证实打来电话的号码正是克里斯汀的。FBI 探员在电话里只听到一句话："我不想回巴西。"这句话有什么特别的含义呢？在 FBI 探员的询问之下，埃尔修慎重地思考了很久，却一直没能和什么联系在一起。其后，电话再次打来，克里斯汀显得异常紧张且语无伦次，电话同样在很短的时间内被挂断，FBI 的技术员根本来不及追踪。等第三次电话打来的时候，对方提出要和埃尔修在某个地方见面。在埃尔修的强烈要求之下，电话那头传来了朱尼尔的声音，这使得在场的 FBI 探员十分振奋，人质可能受到了伤害，但是至少孩子是安然无恙的，克里斯汀也很有可能还活着。随着对方打进电话的次数逐渐增多，虽然电话在很短的时间内就会被挂断，但经验老到的 FBI 探员依然渐渐掌握了劫匪的大致位置。

之后，案件的另一个突破口出现了。一直被 FBI 怀疑并且暗中进行监视的车库管理员吉恩·费雷拉在一处公用电话打了一个非常长的电话。随后，FBI 技术员追踪到了通话另一方的位置，和此前追踪到的绑匪所在的位置完全吻合。后来，FBI 探员从通信公司拿到了该次通话记录，记录显示和费雷拉通话的那个人同样是一名委内瑞拉人，名叫伊文·马丁内斯，46 岁。这名男子的住处位于阳光岛 30 千米外的肯德尔，这一地点同样与被追踪到的位置相吻合。于是，搜索范围被极大地缩小了，找到克里斯汀及其孩子们的希望也越来越大。而此时的埃尔修为了尽快找到克里斯汀和两个孩子的下落，已经准备好去见绑匪，但他坚决拒绝了朱莉安娜同去的要求。

正当 FBI 探员在划定的区域内进行暗中搜索的时候，一封来自克里斯汀的信出现在埃尔修的信箱里。FBI 探员试图通过技术调查从指纹、纤维等一切可能的信息中找到罪犯的线索，但是结果让他们失望了。出乎意料的是，FBI 探员因此得到了一个十分准确的地址，因为寄信地址同样和之前的调查结果相吻合。当 FBI 探员赶到那个地址的时候，房子的主人表示他的房子在 3 天之前被一个叫伊文·马丁内斯的人租了下来。至此，FBI 彻底掌握了绑匪所在的具体位置。

抓捕：为了防止绑匪狗急跳墙伤害人质，即使 FBI 已经大致确定绑匪的位置，也依旧不敢大肆搜捕。准确地掌握绑匪所在的地点后，在克里斯汀、朱尼尔以及艾利克斯被绑架一周之后的这个夜晚，FBI 探员来到绑匪所在的房子外面，准备硬闯进去营救人质。

虽然在破门的时候工具出现了一些小问题，但绑匪还是没能来得及逃脱，两名绑匪悉数被捕，其中一个就是伊文·马丁内斯。最后，一位特警在浴室找到了克里斯汀和两个孩子。奇怪的是，克里斯汀却没有一丝被解救的兴奋，甚至不愿意和特警离开，直到她走到门外看到闪烁着顶灯的警车和救护车。

克里斯汀的经历：被解救之后，FBI 探员发现两个孩子几乎毫发无伤，但克里斯汀的半边脸像是被毁容一般，想要完全恢复，看来还需要做一个相当大的手术。在情绪基本稳定之后，克里斯汀开始向 FBI 探员讲述自己的遭遇。

在当晚离开派对之后，克里斯汀开着自己的保时捷回到家里。当她下车准备抱出艾利克斯的时候，两个男人突然出现在她背后并试图捆住她，于是她奋力地反抗，却遭到了更严重的殴打。一个男人将克里斯汀按在地上，不停地用拳头砸向她的脸，其后更是使用电击器将其电晕。在晕过去之前，她看到艾利克斯被扔在路边，而朱尼尔则在试图逃跑的时候同样被电击器电晕。

当克里斯汀再次醒来的时候，她和两个孩子被绑在了车里。克里斯汀试图呼救，二女儿朱尼尔却阻止了她，朱尼尔小声地说："别叫，外面的人听不见呼救声，如果大声喊叫的话，我们会被杀掉的。"

紧接着，他们被带到一处房子里，分别被关在一些小隔间里。克里斯汀的眼睛被蒙上了，但她隐约可以听见有几个男人的谈话声。

不久之后，一个绑匪把她带出小隔间，并解开蒙在她眼睛上的布条。在克里斯汀看到绑匪的那一刻，她就想到自己或许活不长了，因为被看到长相的绑匪一定会杀人灭口的。然而，那名绑匪只是讲了一个令人匪夷所思的故事。他自称受雇于巴西的一个黑帮组织奉命来美国杀掉他们，但当他看到两个年幼的孩子时心软了，所以他准备营救他们一家，而救他们的唯一方法就是把克里斯汀一家全部集中在一起，然后伪造一张杀死他们的照片寄回巴西，克里斯汀不知道自己是否可以相信这个男人。或许是为了赢得她的信任，这个男人让她见到了朱尼尔。朱尼尔告诉妈妈自己并没有受到伤害，而且那个叔叔还教会她如何使用手枪，这使得本来开始有点相信那个男人的克里斯汀又产生了怀疑：这个人为什么要教一个 9 岁的孩子使用那么危险的东西？

之后，这个男人让克里斯汀给自己的丈夫打电话，那句"我不想回巴西"就是这个男人要求她说的。其后，对方更是以需要伪造一张他们全家被杀的照片为借口，要求她让自己的丈夫在一个安全的地方和他们见面。然后还要求克里斯汀给埃尔修写一封亲笔信，告诉他绑匪是受雇于巴西黑帮的杀手的事实。

在 FBI 营救他们的那个夜晚，克里斯汀先是听见一声巨大的撞门声，然后那个男人找到克里斯汀，告诉她巴西黑帮派来的杀手已经到了，要他们到卫生间里躲起来。这也是后来为什么特警发现他们的时候，克里斯汀并没有表现出开心的原因，她一直以为FBI探员是巴西黑帮派来的杀手。

真相：在最后的审讯中，FBI探员和埃尔修一家弄清了整件事情的真相。其实并没有什么巴西黑帮雇凶杀人的事情，吉恩·费雷拉和伊文·马丁内斯是同乡，他们发现埃尔修一家非常有钱，所以计划通过绑架对埃尔修一家进行勒索。但后来他们改变了计划，准备将埃尔修一家全部绑架，逼他们说出银行账户密码之后就杀掉他们，这样就可以拥有埃尔修一家的全部家产，过上有钱人的生活。绑架案策划的过程中还有另一名同伙参与其中，就是和马丁内斯一起被捕的那个男人，名叫埃德加·托雷巴尔。

吉恩·费雷拉详细地记录了埃尔修一家每次出行的时间和方式，并且利用职位之便帮他们得到了那辆林肯越野车的钥匙，协助两名同伙实施了这次绑架。

结局：伊文·马丁内斯和埃德加·托雷巴尔被法院以绑架罪和故意伤害罪判处终身监禁，而吉恩·费雷拉则因为协助两名同伙进行绑架，被判处有期徒刑23年。对于吉恩·费雷拉的背叛，埃尔修夫妇十分难过，不明白为什么他会那样对待他们。

犯罪心理分析

绑匪：本案中的几名犯罪分子其实本来极易成功的，因为他们有着深得埃尔修一家信任的费雷拉作为内应，加之埃尔修有着规模不小的公司，勒索一笔钱财并不是什么困难的事情，当然前提是FBI没有介入。但是，他们犯了一个很大的错误——太过贪婪，竟然计划着杀掉埃尔修全家，然后拥有全部资产，很显然这是不可能的。当然，他们之所以会实施绑架，其根本原因同样出于内心的贪婪。案件中有一个小细节，就是马丁内斯在第一次要求克里斯汀给埃尔修打电话时说的一句话："我不想回巴西。"这句话到底有着什么样的内涵呢？或许他是想通过这句话证实自己是巴西黑帮派来的杀手，而埃尔修和他的妻子克里斯汀都是巴西人，他们希望通过这句话来恐吓埃尔修夫妇。就如同我们经常在手机上接到的诈骗短信一样——"把钱汇入账号 ×××"，如果是心中不安的人，自然更容易上当受骗。

克里斯汀：为了实现自己的计划，绑匪编造了一个拙劣的谎言，如果克里斯汀足够冷静的话，就可以发现巴西黑帮雇凶杀人的谎言根本不堪一击。虽然她家颇有资产，但那也是在美国定居之后的事情，又如何会引起巴西黑帮的追杀呢？在被绑架之后，克里斯汀所做的事情就只有慌张地大声喊叫，后来甚至一度相信绑匪的话，并且完全按照绑匪的意思去做，显然她已经惊慌失措。在类似的情况下，惊慌失措不仅没有任何用处，还会使自己和孩子更容易受到伤害。事后，克里斯汀也意识到自己的问题，她说幸好被绑架的人是自己，如果被绑架的是埃尔修，埃尔修肯定不会同意让自己的家人涉险去见绑匪的，那么绑匪肯定会恼羞成怒伤害他。

朱尼尔：相对而言，仅有9岁的朱尼尔显得异常冷静，在车上先是劝说自己的母亲镇定，其后和母亲分开时，也没有因为惊慌而大吵大闹。要知道，在绑架案当中，能够得到绑匪善待的人质是几乎没有的，而因为过度紧张刺激到绑匪，使得绑匪一时冲动杀害人质的例子倒是不少。也许是朱尼尔的过分冷静使得马丁内斯产生了别样的心思，才会教她如何使用手枪。

埃尔修：我们在小说当中经常会看到一些有钱人在得知自己或者自己的家人面临危险时，多半都会拒绝警察的介入而选择用钱解决。如果埃尔修也做出同样的选择，那么他就只有死路一条。幸好小说当中的桥段不过是作家的想象，埃尔修在第一时间报了警，不仅成功救出自己的妻子和孩子，更是将隐藏在身边的罪犯深挖出来、一网打尽。

犯罪预防指南

第一，注意自身安全是第一位的，尤其是当自己拥有某些可能会引人注目的东西时。尽量不要在晚上一个人单独外出，如果必须外出的话，最好与人结伴而行。同时，尽量不要单独一个人去偏僻黑暗的地方，不论是出于什么原因。在开车的时候也需要注意一些安全防范问题，如当自己进入车内或者离开汽车的时候一定要记得锁好车门，防止图谋不轨的人有可乘之机。

第二，很多人一直信奉一个道理，那就是财不外露。当然，这并不是要每个有钱人都去装穷，而是告诉我们尽量减少一些不必要的奢侈消费。要知道，“既然你这么有钱，那么给我一些来帮你花花”的心理也是促成绑架勒索案产生的原因之一。

第三，当遇到危险的时候，求救或许是大部分人的第一选择，但在某些情况下，大声求救不仅救不了自己，还会刺激到绑匪导致自己受到伤害。拿克里斯汀的遭遇来说，在一辆密封性良好且行驶在高速公路上的高级越野车里，呼救有意义吗？这得需要多好的听力才会从外面听见里面的求救声？显然，这时候的大声喊叫除激怒绑匪之外毫无益处。当然，这并不表示人们被绑架之后就毫无办法，要尽可能在不引起绑匪注意的情况下，留下自己的信息。如果警察不是在保时捷车旁发现了血迹和指甲抓痕，那么被定性为绑架案件的时间就会被推迟，这无形中增加了人质遇害的可能性。虽然克里斯汀的行为可能是无意识的，但这依然给了FBI探员启示，要尽可能地抓住机会留下一些关于自己的线索。

第四，绑匪的话不可信。作为一个绑架了自己的人，他的话是全然不可信的，这时候，受害者能相信的只有自己的判断。我们可以做一个简单的推测，在FBI探员前去解救克里斯汀和两个孩子的时候，其实她已经相信马丁内斯的话。而如果当时马丁内斯的准备再充分一点，具备逃跑可能性的话，则不能排除克里斯汀会带着孩子和马丁内斯一起离开的可能。人质主动跟着绑匪跑掉，这绝对是一则轰动性的新闻。

总之，在遇到危险的时候，最重要的就是要强迫自己保持冷静。很多人都会找借口来掩饰自己的惊慌失措，却忘记了一件事——惊慌失措的受害者是自己，而冷静的受益者也是自己。如此，该如何做想来大家都应该有一个明确的判断了。

犯罪心理档案

魔鬼在人间

案发：2001 年 12 月 20 日，在美国俄勒冈州沃尔得波特沿海的一个小镇，一个年轻人来到海滩跑步。在休息的间隙，他一边喝着汽水，一边无意识地四处环顾。突然，他看见远远的海面上似乎漂过来什么东西，这引起了他的好奇心。当终于看清楚漂来的是什么后，他立即拨打了报警电话。

那是一具男孩的尸体，看起来只有三四岁的样子，接到报警后立即赶往案发现场的警官们无法对其死因做出准确的判断。男孩只穿着一条内裤，别无他物，头发因为海水的浸泡显得有些凌乱，但是指甲却修剪得非常干净，看起来在出事之前这个孩子应该被照顾得很好。男孩浑身上下没有任何受到伤害的痕迹，所以警方排除了虐待或凶杀的嫌疑。虽然死因不明，但大致判断是溺亡，这个孩子多半是失足落水后遇难的。

警方将孩子的尸体带回林肯县警局后，便开始一边查询最近的失踪人口档案，一边等待孩子的家长打电话到警局。一般来说，这么小的孩子失踪，家长都会在最短的时间内打电话报警。但出乎意料的是，报警电话虽然时有响起，却没有一个是寻找失踪小男孩的。这让办案的警员心里出现了一层阴影——事情可能没有那么简单，这或许并不是一起单纯的意外溺亡案件。随着时间的推移，始终没有传来任何关于小男孩的报警信息。渐渐地,这起案件引起很多相关机构的重视，包括海岸相邻的其他县警局、州警局，甚至是FBI。毕竟在美国，事关儿童的案件一直被视为仅次于国家安全和反恐的重大案件。

调查：最终，由FBI牵头，众多机构联合组成专案小组。但要想尽快地展开工作，第一件事就是确认小男孩的身份。这并不是一件容易的事情，几乎没有什么官方机构会给这么大的孩子拍照存档，他们只好尽可能地利用各种手段进行宣传，希望有认识这个小男孩的人能够提供一些信息。林肯县警局提出另一种可能，这会不会是一起车祸，导致一家人全部罹难？他们请海岸巡警进行搜寻，看是否有汽车落水之类的痕迹。虽然调查此事投入的警力很大，但依旧没有任何收获，警方对小男孩的信息仍然一无所知。

终于，电视上轮番播放的新闻起到了作用，一个自称丹尼斯·汤普森的女人打电话到警局，说那个男孩名叫扎卡里·隆戈，她和男孩的父亲克里斯蒂安·隆戈在同一家咖啡厅上班。几个星期前，隆戈一家搬来沃尔得波特，克里斯蒂安·隆戈的妻子叫玛丽珍，3个孩子分别是莎蒂、麦迪森和扎卡里。接到报警之后，警察迅速赶往隆戈一家居住的地方，那是一幢坐落在海岸边的豪华公寓。家里没有任何人，但是打扫得非常干净，没有匆忙离开的痕迹，倒像是一家人一起出游的样子。警方希望尽快找到扎卡里的家人，但是除了丹尼斯，几乎无人认识这一家人，警方甚至发现隆戈一家在林肯县境内没有任何亲戚。

剩下的工作只能交给FBI处理，由他们在全国范围内寻找这一家人的亲戚或朋友。

新发现：专案小组在等待丹尼斯来警局的同时，也派出潜水员多次进行尝试，看在发现扎卡里的地方能不能找到更多的线索。虽然他们只是寄希望于发现一些与扎卡里死因相关的线索，但是潜水员们找到了谁也不愿看到的东西：一个蓝色的睡袋，睡袋中是一个刚刚蹒跚学步的小女孩，同样只穿着内裤，还有一块被装在枕头套里面的石头。很明显，石头的作用是增加重量，让睡袋漂不起来，这是一起确定无疑的谋杀案！警方猜测这个孩子就是扎卡里3岁的妹妹——莎蒂·隆戈。除此之外，潜水员找到了另一个睡袋，里面同样有一块被装在枕头套里面的石头，这应该就是当初装扎卡里的睡袋。让办案人员稍感庆幸的是，他们并没有发现第三个睡袋，这就意味着麦迪森很有可能并没有遇害，但是他依然和自己的父母下落不明。

丹尼斯的到来确定了专案组的判断——有人谋杀了隆戈家的孩子。那么，这个人是谁？克里斯蒂安和他的妻子以及另一个孩子又在哪里呢？连续两个孩子被谋杀，这起案件却很可能还没有终结。专案组对此做出了多种判断，但是由于隆戈一家刚刚定居在这里，不太可能与人结下什么仇怨，这使得小镇上的居民相信是有一个陌生人在随机杀人，恐慌的气氛开始蔓延。

随着FBI的介入，更多的线索被人们发现。其中一条线索称在附近孩子们玩耍的公园里有一辆陌生的车子停在那里，但当警方赶到的时候并没有看到。而另一条线索称在发现扎卡里的前一天，曾有人看到一辆车子熄了灯停在桥上，报案者以为对方的车子出了故障，所以停下车询问是否需要帮助，但是对方拒绝了。这一条线索很有用，但报案者没有记住对方车子的型号或车牌号，只记得车主的大致样貌。所有的线索都暂时被掐断，专案组又把目光放在扎卡里的第一发现人身上，毕竟很多案件的第一发现人都和案件有着不同程度的联系。况且这个男人还有着儿童犯罪的前科，这就使得他的行为更加令人生疑。这个男人却提供了自己的不在场证明,那天晚上他在参加一个名叫“嗜酒者互戒协会”的组织所举办的活动。警方搜查了举办活动的地点，并且在卫生间发现了苯巴比妥镇静剂，卫生间的墙壁和地板上也留有大量血迹。警方搜集样本带回实验室进行鉴定，但在未找到确凿证据之前，他们无法对任何人进行逮捕和审讯。

隆戈一家：孩子们的妈妈玛丽珍于 1976 年出生在密歇根州，家中有 6 个兄弟姐妹。她的父母在 20 世纪 70 年代就已经离异，所以孩子们都是跟着母亲长大的，并且在母亲的带领下加入教派。后来，玛丽珍遇到克里斯蒂安，共同的信仰以及都是父母离异家庭的同病相怜使得两人的感情迅速升温。但是，克里斯蒂安的母亲和继父却不同意他们交往，他们认为儿子比女方年龄小很多，不适宜交往。为此，克里斯蒂安与家里人闹翻并从家里搬了出来，开始独立生活。1993 年，他们结了婚。玛丽珍没有其他的志向，她的人生目标就是做好一个妻子和母亲，努力经营好自己的家庭，而克里斯蒂安则努力地赚钱养家，一家人过得非常愉快。温柔的妻子、勤奋的丈夫以及可爱的孩子们，隆戈一家就仿佛是童话中的家庭，这一美好的景象一直持续到克里斯蒂安的生意失败，一些客户的延期付款使得他连员工薪水都无法支付。因为债务和其他的一些原因，2001 年 9 月，隆戈一家搬到了密歇根州的沃尔得波特。这里的消费水平相对较低，克里斯蒂安需要养家糊口，并且蓄势东山再起。他把家人安置在一幢海岸公寓里，并且在一家咖啡店中找到了临时性的工作，但这份工作只能让他勉强维持生活。就是在这家咖啡店里，他认识了丹尼斯，两人很快成了好朋友，丹尼斯经常帮助克里斯蒂安以及玛丽珍照看孩子。以上是丹尼斯告诉警方的一些内容，她是这里最熟悉隆戈一家的人。

隆戈一家的经历让专案组有了新的判断，或许他们的经济状况比想象中还要窘迫，很可能他们是在躲避债主或者其他一些人。

扎卡里的第一发现人，那个陌生的男子，虽然很像是嫌疑人，但是他通过了测谎试验，并且卫生间里的血迹也被证明和扎卡里无关。当务之急还是先找到隆戈一家人，但事情一直进展缓慢，直到一家宾馆打来了报案电话。隆戈一家曾经在这家宾馆住过一天，之后就再也没有出现过。在打扫房间的时候，服务员在垃圾堆里找到了隆戈家的相册，里面有孩子们的出生证明以及玛丽珍的驾照。这不是一个好消息，没有一个正常人会把自己孩子的出生证明以及自己的驾照随手扔掉，可以确定他们出了意外。为此，专案组加派了更多的潜水员进行搜索，这一次的搜索地点则是在隆戈家住的公寓附近。果然，事情总是没有最坏只有更坏，潜水员很快发现了两只大行李箱，其中一只箱子里装着玛丽珍，而另一只箱子里则是麦迪森。母子俩都是被人掐死之后装进箱子的，而且玛丽珍被发现的时候浑身赤裸，对于一个教徒来说，这是极其严重的侮辱。

真相：这几乎已经是一起灭门惨案，妈妈和孩子们陆续被找到，专案组现在最大的疑问已经不是凶手是谁，而是克里斯蒂安在哪儿，警方会不会在某一个地方打捞起他的尸体呢？警方再次找到丹尼斯，或许她就是隆戈一家生前见过的最后一个人。在这次问话中，专案组注意到了一个以前从没注意过的细节：就在发现扎卡里尸体的前不久，克里斯蒂安和玛丽珍在一次约会回来之后显得非常狂躁，并且比平常晚了很多。之后的一天，克里斯蒂安在上班的时候突然告诉丹尼斯，玛丽珍要带着孩子们一起离开他，这也是丹尼斯最后一次见到克里斯蒂安。

这样的情况显然出乎所有人的意料，因为他们一直在调查和隆戈一家有着债务关系的人，虽然现在还没发现什么有用的线索。难道是克里斯蒂安在得知妻子要带着孩子们一起离开后一时气愤才做出如此残忍的事情，然后因为后悔而自杀？这一推测引起咖啡店里不少店员的抵触，尤其是丹尼斯，她坚决否认克里斯蒂安会做出这样的事情。尽管如此，很多人都在寻找克里斯蒂安，因为他是这起灭门案件当中唯一没有被发现死亡的人，而且很可能就是凶手。尽管克里斯蒂安的朋友们不相信他会做出这样的事情，但随着 FBI 调查的不断深入，专案组不得不加深了对他的怀疑——克里斯蒂安的父母说他有着严重的人格障碍，并且在家的时候会经常说谎骗钱花。

开始时，他确实很努力地工作过，但不久之后就开始变了。他以公司的名义乱开支票、买名车、胡乱消费，这些都是导致他债台高筑、无法支付员工薪水的主要原因。克里斯蒂安的做法属于经济诈骗，已经是犯罪行为，他还因此被判了刑。虽然他没有被关进监狱，却受到了教会的除名，因为不能欺骗是教会的信仰之一。事情曝光之后，玛丽珍觉得非常羞耻，那些之前和他们关系很好的教友都不愿意再见他们了。无奈之下，克里斯蒂安只能搬到俄亥俄州的一个破旧仓库里。他想把仓库改成一座公寓，这需要很多钱，但是支票已经不能再用，所以他偷了几个大型建筑设备试图卖掉它们。不过，买家在交易的时候发现了异常，及时报了警，就这样克里斯蒂安参与一起大约两万美金的盗窃案，警方也有他的拘捕令。感觉事情不对的克里斯蒂安立即带着妻子和孩子开始了逃亡生活，甚至什么东西都没来得及带走。玛丽珍的家人则因为联系不到她而报了案，玛丽珍和3个孩子成了失踪人口。但在不久之后，家人收到一张玛丽珍从南达科他州发来的明信片之后，警方就取消了这次报案。

追捕：虽然发现克里斯蒂安与平时给人印象截然相反的过往，但专案组依然没有任何关于他的消息，不知道他到底是死了还是躲了起来。就在这时，警方接到一位克里斯蒂安公司老员工的电话，对方称克里斯蒂安还活着，并且在旧金山的一家星巴克申请了一份工作。FBI探员立即打电话给旧金山分局，希望可以抓到克里斯蒂安。遗憾的是，在FBI探员赶到之前，他已经闻风逃走了。不过庆幸的是，FBI探员发现克里斯蒂安用偷来的信用卡购买了一张前往得克萨斯州的机票，然后打算从得克萨斯州前往墨西哥的坎昆。

克里斯蒂安不知道的是，墨西哥长期设有专门的FBI工作人员来抓捕逃犯。因此，在克里斯蒂安还没有落地之前，坎昆已经贴满通缉他的告示。几个小时之后，一个导游打电话告诉警方他曾见过克里斯蒂安，就这样自以为已经逃出追捕、正和一个德国女摄影师鬼混在一起的克里斯蒂安被轻松逮捕了。当时，他正在向那个德国女摄影师吹嘘自己是美国的一个自由撰稿人。

逮捕工作轻松完成，但在如何量刑上出现了较大的分歧。俄勒冈州给他的判决很可能是死刑，而墨西哥方面则因为偷渡同样要给他判刑。在留在墨西哥坐牢和回国之间，克里斯蒂安选择回国，但是拒不承认自己杀害了妻子和孩子。

2003 年 2 月，在克里斯蒂安谋杀案判决的前一个月，他突然承认自己杀害了妻子和最小的孩子麦迪森，但拒绝交代作案经过以及犯案原因，并且仍然拒绝承认自己杀害了扎卡里和莎蒂。在庭审当中，克里斯蒂安告诉法官是玛丽珍杀死了 3 个孩子，而他是出于愤怒才掐死玛丽珍，并且试图说服陪审团撤销这次审判。但是他的证词显然无法取信于人，扎卡里和莎蒂都是被淹死的，他明显在说谎。最终，克里斯蒂安被判处死刑。

在之后的采访当中，克里斯蒂安说出了一部分实情：在他完全破产之后，丧心病狂的他掐死了正在睡觉的妻子和最小的儿子，然后把他们装进皮箱扔进水里；然后又上楼把扎卡里和莎蒂带到更远的地方装进睡袋扔进河里，这两个孩子就这样被淹死了。

2011 年，克里斯蒂安宣称自己不会上诉，愿意接受死刑，但要求在死后将遗体捐赠给研究院。FBI 专家指出，这显然不是他良心发现、想要忏悔的表现，而是博取关注的一种方式。他依旧在试图逃避惩罚，因为法院已经禁止他公开发表言论和接受采访。也就是说，在等待执行死刑期间，他将不会出现在公众的面前。可是，即便是死刑也难以抵消他的罪恶，他必须受到最严厉的惩罚。

犯罪心理分析

一般来说，惨案的凶手大多是有着无法解开的仇恨，才会做出极端之事。但是，这样的理解显然不适用克里斯蒂安，他是个特例。

克里斯蒂安的父母在他很小的时候就离异了。离异家庭的孩子在性格上相对容易出现问题，或者愤世嫉俗，或者自暴自弃，甚至形成扭曲的世界观，恋父、恋母、自卑、自闭以及种种坏习惯和扭曲的性格都是这类家庭出身的孩子极易出现的。在中国的传统观念当中，婆媳常常发生矛盾，其实原因很简单：自己的女儿做了什么事情，顶多骂两句并不会记在心上，但如果同样的情况发生在儿媳妇身上，就会非常生气；反之也是一样，被母亲骂几句，女儿顶多不开心或者拌几句嘴，但如果是婆婆来数落自己，那就是专门针对自己。在重组家庭中，频频产生纠纷很可能也有这方面的因素：自己的父亲哪怕是揍了自己那也就是疼一会儿的事，但如果继父说自己几句，那就是讨厌自己，甚至想把自己赶出家门。所以，很多重组家庭的孩子要么被宠得不知天高地厚，要么就仇视自己的父母。克里斯蒂安之所以会有人格缺陷，很可能就是这个原因导致的。在家里，他可能自认为过得很不愉快，但又需要别人的关怀，因此会对比自己大的女性产生好感。所以，在父母强烈反对他和玛丽珍的婚事时，他义无反顾地离开家，独自生活。

软弱并不丢人，那只是人的性格使然，但如果在软弱的同时还自尊心很强的话，那就可能会引发一些问题。克里斯蒂安多半就是这样一个人，小时候软弱，需要人关怀，但在长大之后就会产生截然相反的想法。他不再把渴望受到关怀放在第一位，而是把掌控别人放在第一位，他需要以此来掩饰自己的软弱。从很多方面都可以看出来这一点，克里斯蒂安努力地工作，建立自己的公司，可以看出他是一个不愿落后的人，他希望以自己一个人的力量就可以满足整个家庭的需要。努力的人似乎总会成功，但是当一个人的努力程度及能力和自己不断膨胀的欲望不相符的时候，这个人所能获得的成功和他所希望的成功之间就会产生巨大的鸿沟，而这条鸿沟往往是常人所解决不了的。正常途径解决不了，那么索性就走一些捷径，如克里斯蒂安的经济诈骗。然而，任何一个谎言都需要无数的谎言去弥补其中的漏洞，可漏洞只会越来越多，所以当克里斯蒂安的罪行被执法机关发现后，他只能自食其果。

常言道："吃一堑长一智。"但这句话显然也不适用于克里斯蒂安，他在被判刑之后依然不思悔改，还是试图通过一些不正当的手段来换取那些本不该为自己所有的东西。克里斯蒂安绝对是一个自尊心很强且极度好面子的人，案件一开始在介绍隆戈一家的住处时提到过，那是一幢豪华公寓，以克里斯蒂安当时的经济条件住那样的房子肯定是不合理的，但他还是住进去了。或许在此之前，玛丽珍还有能力阻止丈夫的一些不当行为，但自从盗窃案发开始逃亡之后，所有的东西都被丢在俄亥俄州的那间仓库里，自己又没有工作，还要带着 3 个孩子，可以说在这样的情况下，玛丽珍只能依附于克里斯蒂安。这样的情形对玛丽珍来说显然是很痛苦的，她是个虔诚的教徒，这样的行为不符合她的信仰，再加上丹尼斯的证词，专案组可以肯定她已经试图离开克里斯蒂安以摆脱这种痛苦。

在媒体采访的时候，克里斯蒂安说自己杀掉妻子和孩子是因为不愿意他们知道自己已经破产。但事实上，对于他的事情，妻子玛丽珍早已知道得一清二楚，那么他之所以杀掉他们的原因就是，他的妻子决定带着孩子们离开。在墨西哥警方和 FBI 实施联合抓捕的时候，克里斯蒂安正和别的女人鬼混在一起，显然他并不为自己杀掉妻子和孩子而愧疚。这样看来，克里斯蒂安不仅自私到不爱自己的妻子和孩子，甚至可能把他们当成自己的私有财产，只有在这种心态的驱使下，才能在杀人之后毫不受影响地去寻欢作乐。

克里斯蒂安是一个说谎者，说谎可能已经成为他的本能，所以才能轻易地骗到那么多的人。如丹尼斯和其他一些店员，再如那个德国女摄影师。即便是一些变态杀人狂多次杀人也能找到一些缘由，甚至能找到一些为自己辩护的理由，但克里斯蒂安的行为显然令所有人都无法接受。只因为妻子要离开，就杀掉了她和自己亲生的 3 个孩子，从事后的毫不后悔和愧疚就可以看出他并不是冲动杀人。这样的罪犯才是最可怕的，同样，他们被判处死刑也是罪有应得。

犯罪预防指南

家庭成员犯罪是很难防范的一种犯罪类型。一般来说，家庭成员之间应该是相互信赖的，可一旦有人辜负了这种信赖，其他人就会很容易受到伤害。

其一，家庭成员之间，不论是夫妻之间，还是父母和孩子之间，抑或是兄弟姐妹之间，既是一个统一的整体，每个人又是独立的个体，所以并不应该存在绝对的依赖。试想，玛丽珍如果不是跟着克里斯蒂安一起逃亡，也不至于只能依赖克里斯蒂安而生活；而这样的情况使她不得不一直纵容丈夫的各种非法行为，直到忍无可忍才想到离开。但是为时已晚，克里斯蒂安已经容不得家人对自己的违逆。

其二，夫妻之间的关系应当是平等的，即便在恋爱的时候是一方仰慕另一方而进行殷勤的追求，抑或是在类似长辈的关怀当中所产生的爱情，在结婚之后都应当平衡为平等的关系。玛丽珍比克里斯蒂安大，他们之所以会结合，一方面是同病相怜中摩擦出的爱情，另一方面也有克里斯蒂安缺乏父爱或母爱的关系。从他自认为在家里生活非常不开心就可以看出，再婚后的母亲并没有让他满意。在这样的情况下，在克里斯蒂安坚强的外表下很可能隐藏着对关心的渴望，而玛丽珍正好符合这一条件。玛丽珍同样生活在离异家庭中，对于这样家庭里的真实情况有着切身的体会，所以很容易对有着同样遭遇的克里斯蒂安产生别样的感情。当这种感情在婚后一直延续时，也会纵容克里斯蒂安产生不正常的心态，即自己做什么玛丽珍都应该无条件地支持，并且默默地承受。这有可能也是激起克里斯蒂安杀意的原因之一。如果他们是完全平等的关系，克里斯蒂安就不会把一切看得理所当然，那么悲剧就很可能不会发生。

其三，现在的年轻人似乎普遍不太会与人相处，不会带孩子，没经验、没耐心，还很容易刚愎自用。所以，有精力的亲朋还是应该多从旁指导和辅助，帮助他们建立家庭，经营家庭，多给他们一些关注和提点，督促他们走正确的路，并坚持走下去。

犯罪心理档案

连环杀人案

案发：2007年8月4日，在美国阿拉斯加州安克雷奇市，52岁的精神科护士明迪·鲁斯在家里发出了几份电子邮件，她正在为周日的朋友聚会做准备。每当不上班的时候，她就喜欢做一些草莓芝士蛋糕或草莓果酱来招待朋友们，之后再美美地睡上一觉。周六，明迪的一个朋友给她打过电话，但一直没人接，周日也同样如此。周一，这位朋友来到明迪的家中，她叫格里·亚特，和明迪有着18年的友谊，对朋友的担心使得她赶了很远的路过来看个究竟。

当格里·亚特赶到的时候，明迪家的门并没有上锁，门把手还稍微有些松动。室内一切正常，卧室的桌上放着半杯喝剩的红酒和一堆没有算完的账单，电脑开着，厨房里有一个空了的葡萄酒瓶子。这场景看起来就像主人在算账单的时候突然有事离开了一下，但这种情形却让格里更加不安起来。之后，她在卧室里找到明迪的手机，里面有着大量的未读短信，大部分是来自周日要参加聚会却找不到明迪的朋友们。难道是周五或周六，明迪的单位突然有急事把她叫走了？甚至因为太匆忙以至于连手机都没有带？可是，明迪的工作单位远在几百千米之外的费尔班克斯啊！她怎么会毫无准备就离开呢？于是，格里拨通了明迪主管的电话，主管却告诉她明迪并没有去上班，也未请假，并且自己也无法联系到明迪。明迪一直是个好员工，从来没出现过无故旷工的情况，因此主管和格里开始怀疑明迪是否真的出事了，毕竟已经将近三天没有她的音讯了。就这样，明迪的上司向安克雷奇市警局报了案。

调查：接到报案之后，警察第一时间去明迪的家里进行了一次常规性的检查，希望找到有价值的线索。但是，明迪的家里没有任何被强行闯入的痕迹，警察的调查结果和之前格里认为的一样，就好像主人突然有急事出去了一样。此时，该案件还没有引起警局足够的重视，因为他们并没有发现一丝犯罪的证据。

星期二，明迪依然没有出现，她的上司再次给警局打了电话，因为这已经和明迪的行事风格严重不符，或许是有什么原因导致她无故旷工，但是连续两天不见人影，只能说明存在什么不可抗力使得她既不能上班，也不能联系别人。换言之，明迪肯定出事了。警局此时也感觉到事情的严重性，他们判断明迪可能是被绑架或被杀害了，于是将这起案件交给一位专门从事凶杀案调查的经验丰富的警长。

对邻居的调查显示，明迪是一个很重承诺的人，从未有过失信的情况，这使办案的警员更加相信自己的判断。他们重新开始对明迪家的搜索，明迪最好的朋友格里也来到搜查现场。这一次，他们有了新的发现：格里为明迪亲手做了一条印着星星和月亮图案的围裙，明迪非常喜欢，但现在这条围裙被随意地扔在一个垃圾桶里，这显然不是明迪会做的事情。搜查中，他们又发现明迪的车并不在车库，一周之后，警方在机场的停车场内找到了明迪的汽车。一般来说，明迪上班的时候都是乘坐公交车到达机场，再乘坐飞机去费尔班克斯，她从来不会开车去机场。开始的时候，格里怀疑明迪是在周末外出摘草莓的时候发生了意外，因为那是她最大的爱好，但是真实的情况显然更加严重。

追踪：警方试图从明迪的银行卡消费信息上寻找线索。如果明迪还安然无恙，那么她离开家之后的吃穿住行都需要钱，肯定会留有消费记录。紧接着他们就发现了异常，在明迪失踪的第二天，银行的数据记录显示，明迪的银行卡有多次不正常的取款记录，分别位于两处不同的自动取款机，时间为凌晨。哪个正常人会在凌晨去两个不同的取款机取款呢？明迪虽然是精神科的护士，但她的生活作息很正常。

随后，根据从银行调出的监控录像来看，取款人明显不是明迪，而是一个白人男子，背着一个双肩背包，头戴一顶棒球帽，面部被一块围巾严实地挡住。警察明显感觉到这个白人男子有问题，他在试图掩盖自己的面貌。如果说这只是一起简单的抢劫案或盗窃案，那么人们没道理一直找不到明迪；哪怕是抢劫案或凶杀案，警方也应该可以找到线索。为了赶在明迪被杀害之前尽快找到她，警方感觉到莫大的压力，他们需要求助 FBI。

FBI 介入：警方联系了 FBI 安克雷奇市小分队，这支小分队专门从事绑架以及现金案件的调查。可是，FBI 探员也没有从中找到更多的线索，唯一有用的就是银行的监控录像，不过小分队的负责人很快做出了自己的判断——明迪很可能已经遇害。FBI 探员在录像中发现了一个目击者，这个人没有经过伪装，很正常地取款，然后离开。很显然，这个人不可能是同伙，并且他极有可能见过嫌疑人的真实面貌。于是，大家开始四处寻找这名目击者。FBI 的取证小组一一询问了明迪失踪当天所有和她接触过的人，不论是朋友还是邻居，在他们看来，这些人都有犯罪的动机和可能性。其中，第一嫌疑人是明迪的男友，但是他被证实案发时并不在安克雷奇；而第二嫌疑人则是当天去过明迪家的两个装修工人，其中的一个人有过犯罪前科。

在银行的监控录像中，只能看到取钱的是一个背着背包的白人男子，其余无法判断。与此同时，FBI 探员只能寄希望于在安克雷奇机场被发现的明迪的汽车，希望在车里能够发现更多的线索。但当务之急依旧是找到明迪，他们没有太多时间了。尽管根据经验判断，明迪多半已经遇害，但大家依然希望这个判断是错误的。明迪失踪超过一周后，行动小组开始向 FBI 华盛顿总局求助，他们需要专门训练过的搜寻犬来帮忙。这些搜寻犬是 FBI 总局专门训练的法医犬，用于搜寻尸体和与之相关的东西，如凶器等，其搜寻能力要大大超过一般的警犬。

在四处调查取证的同时，警局内的询问工作也在同步进行。根据周围人的证言，FBI 探员发现，大家都在有意无意地提起明迪隔壁的一个邻居。人们只知道隔壁住着很多年轻人，每天晚上都会有嘈杂的聚会，但他们无法准确说出房子的主人是谁。房子里的年轻人在接受询问的时候也是含糊其词，尤其是在关于房子主人的问题上，迟迟不肯开口。FBI 探员分析认为，大家一致隐藏的东西或许就是破案的关键点，于是线索指向了该所房子的主人，或者说前主人。就在调查人员试图寻找突破口的时候，明迪的另一个邻居把电话打到了警局，这个人叫凯西·伊斯丽。她声称自己有些线索要告诉FBI，可当调查人员上门询问的时候，凯西·伊斯丽却使用相当夸张的肢体语言表示自己什么都不知道。FBI调查取证小组认为，她的那些肢体语言应该是做给除调查人员之外的某个人看的，她一定是知情的，但很可能是受到了某种威胁。

乔治·韦德：后来，在凯西的证言中提到，就在FBI探员还没有找她询问之前，一名男子敲开她家的房门，质问她是否有人问过她什么。在得到否定的回答之后，这名男子告诉凯西，他叫乔治，就住在隔壁，但不希望任何人知道，因为他是一个通缉犯。凯西为了自身的安全，答应了他的要求。但乔治并没有就此放心，不仅一直监视着凯西家，还时不时地出现在凯西家的门口。当FBI探员第一次询问凯西的时候，乔治就在自家的窗户前监视着凯西，所以她只好做出夸张的动作，表示自己什么都不知道。

这一发现给调查带来了新的突破，FBI探员锁定了这名叫乔治·韦德的男子。经过调查发现，他并不是记录在案的通缉犯，那么他为什么会突然出现并且警告凯西呢？FBI探员判断，也许他和明迪的案子有关系，至少他知道凶手是谁，当然现在还缺乏这方面的证据。

就在这时，行动小组之前申请的搜寻犬被运送到安克雷奇市。FBI探员在给搜寻犬闻过自动取款机附近的气味以及明迪随身物品的气味之后，两只搜寻犬径直把FBI探员带到乔治的房子前。这就佐证了FBI探员之前的判断——乔治确实和案件有关。

FBI探员在调查中发现，乔治在几年前因为一桩杀人案被捕，当时的死者叫黛拉·布朗，被发现死在一个吸毒者聚集的小屋里。有人举报凶手就是乔治，因为乔治曾经浑身沾满鲜血、满头大汗地带他们去看过黛拉的尸体。但是在起诉时，乔治却一口否认自己之前所说的一切。尽管当时警方和黛拉的家人都坚信乔治就是凶手，但经过几天的审议，法庭最终还是以证据不足为由判决乔治的杀人罪名不成立。之后，乔治因为其他罪名被判了三年监禁，2006 年 12 月才被释放出狱。然而，出狱仅一年的时间，乔治再次与一桩凶杀案件扯上了关系，这不得不引起 FBI 探员的重视。

但是，之前银行监控录像中的目击者无法指证自己看到的是否就是乔治。就在调查陷入困境的时候，乔治的朋友克里斯汀娜站出来为警察提供了新的线索。一天，警察在搜查乔治家的时候，克里斯汀娜正好载着乔治回来。但乔治要她继续开车，不要停下。加上之前乔治的诸多怪异举动，克里斯汀娜不得不怀疑乔治与最近发生的凶杀案件有关系。

随后，FBI 探员在乔治的家里发现了与监控录像中的男子一模一样的外套，以及一张自动取款机的收据，收据显示取款的账户属于明迪。此外，FBI 探员还发现了一只女士手表，经朋友证实，这只手表同样属于明迪。至此，FBI 探员几乎可以确定乔治就是本案的嫌疑人，由于迟迟找不到明迪的尸体，所以无法提起控诉。但是，FBI 探员手里的证据已经足够以盗用他人身份的罪名起诉乔治，届时他会被判刑两年。用这两年的时间来寻找明迪的尸体，对 FBI 探员来说应该不算难事，到时候乔治将会因为杀人罪再次被指控。可就在这时，意外发生了——乔治逃跑了。FBI 探员随即发出针对乔治的联邦逮捕令，一时间，每一个街头都能看到逮捕乔治的告示。

不久之后，克里斯汀娜再次给FBI探员打来电话，她和她的母亲在电视上公开播放的银行监控视频中看到了取款人背着的黑色双肩包，而此时就有一个同样的包放在自己的车上，正是乔治离开前留下的。她们在背包里找到了一些银行收据、一部手机以及一把枪。之后，克里斯汀娜把背包及里面的东西悉数交给警方。就在FBI探员离开之后，乔治却来到克里斯汀娜的家里。他要求克里斯汀娜开车送自己去一个叫瓦西拉的地方取一些CD之类的私人物品，但被克里斯汀娜严词拒绝了，毕竟乔治是一个通缉犯。其后，两个人发生了激烈的争吵，然后乔治独自离去，克里斯汀娜再次报警。

在FBI探员的重重追捕中，乔治躲进了一所公寓，并挟持了该公寓的女主人。此时，整个公寓已经被包围，面对是被狙击手击毙还是出来接受起诉的选择，乔治最终放弃了人质，举手投降。

在审讯的过程中，乔治拒不承认自己和明迪失踪的案件有关，只承认自己盗用了明迪的银行卡。面对乔治的狡辩，机智的FBI探员撒了一个谎，说他们已经和明迪交谈过了。这时，乔治的嘴角露出一丝既得意又嘲讽的笑容。事已至此，已经不需要继续审下去，FBI探员可以断定是乔治杀害了明迪。现在所要做的就是先以盗用他人身份的罪名起诉乔治，然后尽快找到明迪的尸体，让恶人认罪。

认罪：在明迪失踪一个月之后，警局接到报案，一个工人在安克雷奇市北部的一片树林里发现了一具尸体。FBI探员到达之后，发现尸体被焚烧过，并且在树林里发现了一枚子弹壳。法医在尸检的过程中通过齿痕鉴定确认死者就是明迪·鲁斯，而这枚子弹也被弹道分析专家证实出自乔治背包里的那支手枪。在此之前，乔治的父亲探视过他，希望他可以说出实话，但乔治依然否认自己的罪行。可随着明迪尸体被发现，他已经无法抵赖下去，于是他告诉审讯人员一个令人惊悚的事实。

8月4日凌晨，乔治闯入明迪家，并且把她绑了起来，逼迫她说出银行卡的密码。随后，他开着明迪的车把她带到瓦西拉，一个50千米外的地方，并在一处树林里用枪打死了明迪。紧接着，乔治把汽车丢到机场的停车场，然后再去自动取款机取钱。

在审讯的过程中，他还承认了自己在七年前的另一宗罪行，他杀害了黛拉·布朗。虽然乔治没有被判处死刑，但是法院判决其服刑99年，并且不得假释。

犯罪心理分析

首先，我们要分析的是乔治为什么要杀人。包括黛拉·布朗在内，乔治其实和两个受害者之间并没有什么交集，或者说如果不是乔治杀害了她们，他们之间将没有任何关系，甚至互不相识。

黛拉·布朗的案件由于缺乏信息，我们暂且不做讨论，只分析明迪·鲁斯的案件。乔治闯进她家中本来是试图抢劫，在得到银行卡密码之后，却又把明迪带到50千米之外的地方杀害。我们初步做出的判断是，乔治是在抢劫之后因害怕被抓而起意杀人的。但是，他为什么不在抢劫之前进行一番伪装，这样不就很难被认出来吗？他是忘记了吗？这个可能性不大，毕竟在七年前便杀过人，并且成功逃过法律制裁的他，显然不是一个没脑子的莽汉，那么可以得出的结论就是：他本来就准备好要杀人。由此可以做出一个看似荒唐又极为可怕的猜测——这个人想杀人。FBI 犯罪心理学家给出的理由也是乔治有一种不知从何而来的愤怒，所以他想要杀人。

想要杀掉一个与自己无冤无仇，并且本来不必要杀死的人，显然乔治并不尊重生命。对于他为什么要杀死明迪，在常人看来或许连一个最荒诞的理由都找不到。

其次，乔治·韦德还会继续杀人吗？这是有可能的，甚至他已经有了下一个目标。在上面的案情介绍中有这么一个细节，乔治在被通缉之后，找到他的朋友克里斯汀娜，并且希望她开车载他去瓦西拉取一些 CD 之类的私人物品。这里有几处值得推敲：首先，要克里斯汀娜载他去，而不是自己开车去，这显然并不是出于对朋友的信任，而是其他一些不可告人的原因；其次，他要去的地方是瓦西拉，理由是去取 CD 之类的私人物品，这样他的目的就很明显，瓦西拉并没有他的住处，那里有的只是明迪被烧焦的尸体，难道是想像杀死黛拉·布朗的时候一样，找其他人去欣赏他的“杰作”？如果是的话，他早就这么做了，所以这个理由可以排除，那么剩下的最有可能的理由就只有一个——他要杀死克里斯汀娜。

幸运的是，克里斯汀娜拒绝了他的要求，并且再次报了警。遗憾的是，FBI 并没有在第一时间注意到瓦西拉这个地方，否则或许会提前发现尸体，早日令乔治受到法律的制裁。当然，那是迟早的事情。即便没有那名工人发现尸体，FBI 也会根据瓦西拉这条线索找到那里的。

综合上面的信息，我们可以看出，乔治的情况完全符合一个连环杀人犯的条件。连环杀人犯之所以会被终身监禁并且不得假释，就是因为他们具有反社会人格。在他们的价值观里，杀人已经被通过某种奇葩的观念合理化。所以，连环杀人犯一旦开始犯罪就无法停止，直到他们毁灭，他们不会因杀人而感到哪怕一丝内疚。

最后，在这件案子中，最痛苦纠结的大概就是乔治的父亲。在发现自己的儿子真的杀人之后，他不得不去劝儿子认罪，否则将会有更多的人受害。虽然很多时候周围人都会劝说当事人，这样的举动是在减轻自己亲人的罪孽，但给别人讲道理和让自己接受事实是完全不同的两种感受。虽然乔治在别人的眼里是恶魔，但在乔治父亲的眼里他始终是自己的儿子。

犯罪预防指南

对于此类案件的预防，最重要的同样是要提高自己的安全意识。

比如克里斯汀娜在本案中的举动，在发现自己的朋友具有犯罪的可能之后，并没有进行包庇，而是主动报了警，大胆地说出自己的怀疑。在之后面对乔治的搭车要求时，她也很干脆地予以拒绝。虽然上面的分析有一定程度的猜测在内，但如果她当时真的去了瓦西拉，那么就很有可能被当作人质或直接死在连环杀人犯乔治的手里。

再有就是一个人独自在家时所要注意的安全问题。警方和FBI探员几次搜查都没有发现强行入室的痕迹，那么很显然在乔治闯入的时候，明迪家的门窗并没有一一锁好。可以说，这也是惨剧最终发生的原因之一。所以，我们在休息的时候，一定要记得把自己家里的门窗锁好，以免意外的发生，不给犯罪分子留任何可乘之机。

犯罪心理档案

变态杀人狂

背景：在1972年到1973年之间，美国加州圣克鲁斯地区弥漫着一股恐怖的气氛，在多家媒体的推波助澜之下，“女大学生公路杀手”几乎成了所有人的噩梦。连续五名女大学生神秘失踪，警方却对此一筹莫展——他们没能掌握关于凶手的哪怕一丁点儿线索，就连最荒谬的猜测也无法做出，于是他们只能认为是邪教在作祟。种种推测的报道使这起连环凶杀案披上一层更加恐怖的色彩，在让民众感到更加恐慌的同时，也令警方更加认定是某种邪教在进行恐怖活动。随后，FBI介入具体的案情调查。

就在此时，一个自称凶手的人把电话打到警局，这个人可以算是警局的老朋友了。埃德蒙·坎伯，身高2.1米，曾因为杀人被判刑，后通过心理学鉴定被认为已经对社会完全无害，所以允许其回归社会。起初，FBI探员一度认为这只是一个玩笑，但随着埃德蒙把凶杀的细节描述得越来越详细，甚至说出准确的埋尸地点时，FBI探员不得不接受这个令人惊悚的事实。

起因：埃德蒙·坎伯在家中排行第二，有一个姐姐和一个妹妹。他从小就是个非常聪明的孩子，据说有很高的智商。在正常人看来，埃德蒙似乎应该是最受宠爱的孩子，而且应该拥有非常棒的成绩，考上好的大学，然后成就一番事业。但现实往往是出乎意料的，埃德蒙的母亲粗暴、敏感、没脑子，还自以为是，这使得埃德蒙的整个童年过得非常不幸。起初，他和父亲关系不错。但在父母离婚后，父亲竟然拒绝抚养埃德蒙，他只能选择继续和母亲生活在一起，家中最后一丝温暖也消失不见。因为长相很像父亲，所以埃德蒙常常被母亲当成撒气筒。2.1 米的身高在他学生时代就早有体现。在同龄人之中，埃德蒙是个明显的大块头，却因此经常被同学们嘲笑。不仅如此，更过分的是，埃德蒙的母亲竟然仅仅因为他发育较快，就莫名地怀疑埃德蒙准备强奸自己的女儿，于是经常把他关在地下室。此时的埃德蒙感觉自己被整个世界遗弃，长期生活在地下室阴暗潮湿环境中的他积累了无数的仇恨。但他毕竟只是一个孩子，既不会自我调节，也没有合理的宣泄途径，于是埃德蒙开始肢解妹妹的布娃娃，甚至开始虐杀小动物。当他的母亲发现这一切后，这个女人不仅没有意识到自己在儿子成长过程中扮演了怎样的角色，反而认为这一切全是埃德蒙的错，将他暴打一顿赶出家门，抛弃了自己的亲生骨肉。

无家可归的埃德蒙只好找到曾经与他关系不错的父亲，但此时的父亲已经再婚，根本不愿意抚养他，只是勉强将其送到祖母的农场生活。有句古话说得好："不是一家人，不进一家门。"埃德蒙的祖母是个同样粗鲁的女人，在埃德蒙的眼里，祖母对他和母亲对他一样百般折磨。在仇恨的无限积累之下，他幼小的心灵发生了极大的扭曲，最终导致悲剧的发生：15 岁时，埃德蒙拿起祖父送给他的生日礼物——一把来复枪，射杀了正朝他大声喊叫的祖母；然后又扣响了第二枪，射杀了他的祖父……受辱的童年和扭曲的心灵让埃德蒙放下了所有的亲情。

杀掉祖父母之后，埃德蒙既没有惊慌失措地逃跑，也没有因悔恨绝望而痛哭，而是出乎意料地打电话将这件事告知他的母亲，直到警察赶到都没有一丝要反抗或逃跑的迹象。在FBI探员到来之后，埃德蒙告诉他们：自己只是想要知道杀掉自己的祖母是一种什么样的感觉。当时，FBI心理专家只是认为他有严重的精神病，于是将其送到一家专门关押精神病罪犯的州立医院。如果当时FBI探员能够再多讯问几句、了解再深入一点，就会明白他口中所说的“杀掉祖母的感觉”其实就是指杀掉那些对他不好的人的感觉，这样的人可不仅仅是某几个人，至少在埃德蒙看来，对他不好的人有很多。

蜕变：蜕变不一定都是好事，尤其是对一个形成反社会人格、智商又高的罪犯来说，这意味着他会变得更加残忍与可怕。

杀掉祖父母之后，埃德蒙被判定患有精神分裂症。高智商可以让他迅速学到自己想要学到的一切，良好的表现使得心理医生对他的印象非常好，甚至允许他做自己的助理。借着身为助理的便利，埃德蒙迅速掌握心理医学方面的知识，他几乎阅读了医院中所有病人的病例和测试资料，心理医生的判断标准对他来说不再神秘。而后，埃德蒙又背下几十种心理测试的标准答案，此时的他在精神病评估方面或许已经超过一般的专业人员。之后的过程也变得无比顺利，埃德蒙如愿以偿地通过了医院和FBI专家的心理测试，被认为是“对社会完全无害”的人，因此获得了假释。院方甚至坚持将其犯罪记录从档案中消除掉，虽然还有个别医生持反对意见。当后来的悲剧再次发生时，那些支持过他的医生肯定都悔恨不已，而当初持反对意见的医生也会不止一次地责问自己：为什么当时不再强硬一点，把这个吃人的恶魔牢牢地关在笼子里？可当时的他们完全被高智商的埃德蒙蒙蔽了，以为他已经被完全治愈且已经无害于社会。

转折：重新返回社会的埃德蒙显得随和而又友善，甚至以出色的成绩在社区大学毕了业。如果一直这样下去，埃德蒙心里的恶魔可能就会日渐消逝，或许直到他老去都不会再出现。但命运总是喜欢“逗你玩”，埃德蒙的命运再次出现了转折。首先是埃德蒙想考入警官学校，但因为身高原因而被拒绝，这无疑是在延续他童年时期的痛苦。于是，他只能选择和警察交朋友，听他们讲述办案时的经历来过过干瘾。一来二去，埃德蒙就成了警察们的好朋友，这也是后来埃德蒙自首的时候警局里大部分人都认为他只是在开玩笑的原因。

糟糕的经济状况迫使埃德蒙只能搬回去继续和母亲住在一起。说起来这个女人或许不光脑子不好使，而且有着不小的心理问题。时间的流逝并没有让她变得善良一些，她一如既往地羞辱自己的儿子。就这样，童年的噩梦再次回到埃德蒙的生活里。

或许唯一能让埃德蒙觉得开心的事情就是他在加入加州公路局之后能够开车四处兜风，他经常扮成好心的巡警来接送周围的大学生在学校间往返。埃德蒙把自己的车改装得与警车非常相似，但同时这似乎也是在为他日后的血腥杀戮做准备。

恐怖的开始：因为处在假释期间，埃德蒙依然会不时地向警局报告自己的行踪，但警察认为这不过是多此一举——他们早已完全相信埃德蒙是无害的。可以说，警察的无视也为埃德蒙的肆意屠杀提供了便利条件。每当在家里遭受母亲无缘无故的侮辱之后，埃德蒙就会驾着自己的汽车在公路上寻找猎物——那些试图搭便车的漂亮女大学生。当然，他不会和她们约会，而是残忍地将她们杀死。

升级：埃德蒙有着严重的“恋尸情结”，童年的阴影使得埃德蒙对活人无法产生一丝的信任，反而更加“青睐”死人。犯罪心理学家认为，连环杀手一旦开始杀戮根本无法停止，他们会不断地杀戮，直到自己毁灭为止。埃德蒙在后来的供述中也说过：自己甚至一直在幻想对整条街上的人大开杀戒。但在此之前他突然想到另一个人，那个让他产生心里阴影的制造者——他的母亲，那才是他最想杀掉的人。

于是，在耶稣受难日这一天，埃德蒙用羊角锤砸死了正在熟睡的母亲。这还不够，埃德蒙又打电话叫来母亲的好友，然后杀死了她。做完这一切后，他在案发现场安稳地睡了一觉，随后才起身离开。出门后的他一边开着车漫无目的地在路上闲逛，一边听着车上的广播，希望可以听到对案件的报道，甚至是对他的通缉，或许他幻想着和前来追捕的FBI探员展开一场警匪大逃亡的戏码，那样他就会得到足够的舞台来秀一下自己超高的智商。

但是他一次次地失望了，自始至终，警方都没有联想到他会是凶手，反而一直把精力放在寻找邪教组织上。埃德蒙没能听到任何关于自己的报道，深深的疲倦和失望让他没有了继续下去的兴趣，于是他拨通了圣克鲁斯警局的电话。

犯罪心理分析

清醒、有着正确价值观的疯狂杀手：第二次被捕之后，FBI 心理专家再次对埃德蒙进行了心理评估。但是，在经过严密的分析和论证之后，心理专家依然得出这样的结论：第一，埃德蒙并没有精神分裂症，他一直都是清醒的，对于自己的行为完全了解。第二，埃德蒙一直都知道自己所做的事情有多么恐怖，也完全能够意识到自己的行为是错误的，但那种疯狂后的刺激令他欲罢不能。正如前面所说，连环杀人犯一旦踏出第一步，就很难收手，那是比海洛因更加恐怖的“毒品”。

他简直是个魔鬼：这一类型的案件虽然恐怖至极，但对 FBI 犯罪分析专家来说却是难得的个案样本。因为从埃德蒙的案例中，警方可以得出更多有关类似犯罪的资料，对以后的案件侦破工作无疑有着相当重要的意义。

如果能够拥有幸福的童年，埃德蒙的结局将会完全不同。高大的身材和天才般的智商，按常理来说，兼而有之的埃德蒙应该是一个天之骄子才对，但恰恰相反，这些成了他的灾难。因为高大所以处处受到排斥，因为聪明所以在受到母亲长久的歧视和虐待之后，不光具备了报复的心理，还拥有了恐怖的执行力。埃德蒙的犯罪动机就是希望得到尊重和自由，还有控制与支配的权利。

埃德蒙在法庭上承认自己对被害者的性幻想，但他从来没有在她们活着的时候侵犯过她们，这说明他所要的并不是强奸和折磨，而是控制以及拥有。“我没有其他的想法，只是希望可以完全彻底地拥有她们。”长久以来的扭曲心理使得他对于“拥有”的认识发生了严重的扭曲。

此外，埃德蒙希望摆脱他的母亲。从州立精神病医院离开的时候，他之所以坚持要抹消自己档案中的犯罪记录，就是为了彻底摆脱母亲的控制，因为没有犯罪记录就不再需要监护人。事实上，他真正蓄谋已久想要杀掉的就是他那虐待成性的母亲。“我必须摆脱她的羞辱和谩骂”，这是埃德蒙的另一个诉求。在童年时代，他或许就认为是母亲使他失去唯一相处得来的父亲，再加上之后的虐待经历，仇恨终于积累到即将爆发的程度。前面的几次杀戮一方面是扭曲的心理使然，另一方面也可以看作在完成对母亲的杀戮之前的“历练”，毕竟杀掉一个陌生人要比杀掉自己的亲人轻松得多。所以，那些无辜赴死的女孩从一定程度上来讲，就是埃德蒙母亲的“替罪羊”。

一个正常的、没有反社会属性的人是不可能在杀掉一个无辜的人之后还表现得如此冷静的。即便是真的有了反社会属性，在埃德蒙开第一枪之前，他也是可以被挽救的。虽然母亲的虐待和同学的排斥使他在很小的时候就幻想过要杀掉他们，但幻想毕竟不同于现实，两者之间的差距可以用“鸿沟”来形容。可是，从来没有人告诉他应该如何化解愤怒、挣脱愤怒，他身边的人只会让事情变得越来越糟糕，就好比他的祖母。当埃德蒙开枪打死自己的祖母后，事情就完全不同了，反社会属性已经占据他的思想，他也不再会为杀人而感到一丝愧疚。

警察和医院的疏忽：有些时候，专业工作者必须理智到近乎冷漠的程度，但人们还是会有疏忽，如办理埃德蒙杀人案的警察和州立精神病医院里的医生。不管埃德蒙如何聪明和讨人喜欢，让一个因为精神分裂而杀掉自己祖父母的人接触到所有精神病犯人的病例，甚至成为医生的助手，无疑是非常危险的。此外，警局对于一个假释的杀人犯漠不关心、毫不关注。埃德蒙杀掉母亲后，丝毫没有掩饰自己就是凶手的证据，警察只要稍加理智分析就会得出关于真凶的结论。但因为警方对埃德蒙的好印象，以至于埃德蒙的自首电话都打到警局了，他们依然认为他不过是在开玩笑。虽然在整个案件中，这些细节可能并不是最重要的，但如果警察能够早一点重视起来，也许就能挽回几条无辜的性命，这些细节很可能会让结果大不相同。可以说，警方的不关注就是纵容埃德蒙大开杀戒的原因之一。

犯罪预防指南

对于埃德蒙此类的变态杀人狂式犯罪，很多受害者都是无辜的，罪犯在作案时几乎没有任何规律可循，所以最有效的方式就是从根源上扼杀罪恶的种子。

首先，加强对孩子的教育。当今社会，虽然很多人都在高喊着童年教育的重要性，但很多家长和老师依旧停留在文化教育的初级阶段，这就造成了一部分学生的德育缺失。当然，绝大多数的孩子并不会像埃德蒙那样偏激，但德育的缺失的确会酿成严重的后果，如出现校园暴力事件等。事实上，每个孩子在迈出悬崖边的那一步之前，都是可能经由教育与引导变得更好的。

其次，增强成年人的安全意识。不记得从什么时候开始，

“女大学生乘黑车失联”的新闻开始出现，增强自我保护的安全意识已经刻不容缓。“害人之心不可有，防人之心不可无”，我们必须时刻警惕，在事情发生之前考虑到所有的、最坏的可能。“夜跑失踪”“坐黑车失联”等一系列惨剧的发生，在一定程度上还是因为受害者缺少安全意识。我们必须要时时刻刻绷紧安全这根弦，不断提高自己的安全意识，不去以身犯险。如此，自然就会让自己远离犯罪，更加安全。

消失的女学生

案发：在美国俄勒冈州，一个名叫布鲁克·威尔伯格的年轻女孩正在一座公寓里做清洁工作。19岁的她是美国杨百翰大学二年级的学生，有着一头漂亮的令人嫉妒的金色长发。布鲁克·威尔伯格工作的地方叫橡树公园公寓，位于俄勒冈州立大学附近。这里的管理员是她的姐姐斯蒂芬妮和姐夫扎克，所以每到暑假的时候她就会来这里打工，并且和姐姐住在一起。

这一天，布鲁克的工作是负责清理灯柱上的广告，工作比较轻松，心情不错的她约好中午和姐姐一起吃饭。但直到临近吃饭的时候，布鲁克也没有在她们约好的餐厅出现，姐姐斯蒂芬妮心急如焚地打了几次电话也一直没有人接听。于是，斯蒂芬妮打电话通知扎克，希望他帮忙找一找，看看布鲁克到底去哪儿了。扎克围着公寓转了一圈，最后回到他们的住处，但始终没有发现布鲁克的踪迹。她是临时有事出去了吗？正在思考的扎克看到桌子上布鲁克的手机和钱包，摇了摇头，如果外出的话，她不可能不带这些必需品的。即便如此，为了再次确认，扎克还是跑向停车场。在一个灯柱下面，他发现了布鲁克工作时使用的水桶和清洁剂，还有一双人字拖，其中一只看起来像是被撕坏了。这下扎克和斯蒂芬妮都有些着急，迅速打电话到布鲁克所有可能去的地方一一询问。在得到否定的答案之后，他们向科瓦利斯警局报了警。

警方到达之后的第一件事就是确认布鲁克是不是自己有事情离开的，但是放在家里的手机和钱包、没有放回工作间的水桶和清洁剂，尤其是那只已经被撕坏的拖鞋，这一切都在显示着布鲁克不是自己离开的，她很可能是遭遇了意外。但是，警方依然怀疑这是不是一场恶作剧，毕竟布鲁克只是一个大二的孩子，捉弄一下自己的姐姐和姐夫也是很有可能的。可在布鲁克的家人看来，她以前从来没有出现过类似的情形，尤其是在工作期间丢下东西独自离开。

一切的证据都显示布鲁克很可能是遭遇了意外，于是警方的搜寻行动很快就展开了。除贴出告示并且在电视台广播之外，剩下的便是寻找目击证人，询问有谁见过这样一个女孩：穿着蓝色的连帽衫和牛仔裤，有着一头漂亮的金发，戴着一只安妮·克莱因手表，手上有一枚刻着“CTR”三个字母的戒指。参与询问的主力则是附近自发组织起来的大学生，而警方则试图找到目击者或更多的线索。

时间一分一秒地过去，警方却仅找到一条线索，那就是上午10点左右，有人听见一声尖叫，那声音是从停车场方向传来的，但接下来没有任何异常，停车场一片安静，这使得那声尖叫好似一场恶作剧。找不到更多的线索，就像一群无头苍蝇一样四处胡乱寻找的警员清楚地知道，自己正在浪费不断消逝的最佳救援时间。众所周知，在绑架案发生后的一个小时内是安全救出人质的最佳时间，此后每增加一段时间，人质的存活率就会降低几分。所以，警方不得不求助于FBI，成立了一个由多部门组成的专案小组。这个小组甚至请来一位FBI谈判专家，因为警方考虑到如果是绑架案件，那么犯罪嫌疑人一定是为了达到某种目的，谈判专家能够更好地保证人质的安全。

线索：没有目击者、没有可疑车辆、没有可疑人员出入，什么都没有，仅有一只被撕坏的拖鞋，整个案件显得毫无头绪。但是这些都难不倒FBI，他们有着强大的情报系统，而且有着极强的信息甄别能力。由群众提供的针对布鲁克失踪一案的线索在很短的时间内就让警方专门搭建的网站几近瘫痪，但其中绝大多数信息都是无用的，甚至是虚假的。

很快，两条重要线索浮出水面。在布鲁克失踪的那天早上，据说有一辆绿色的货车曾经在俄勒冈州立大学里徘徊。据一名与货车司机有过接触的女生回忆，当时她走的那条路上基本没有人，然后一辆绿色的货车挡住她的去路，司机下车希望她给指一下路线。但是她因为发现车后面的一些座位被卸掉而觉得非常不安，于是没有答话就迅速离开那里。不久之后，这辆货车又出现在俄勒冈州立大学附近，司机开始向第二名女生问路，这名女生注意到车牌是明尼苏达州的。货车司机希望女生上车为自己指一段路，他说自己迷路了。但是这名女生瞬间心生疑惑并拨通了报警电话，货车司机只好无奈离开。

于是，这辆绿色货车进入警方的视线。但随着调查的深入，警方不得不暂时放弃这一线索。因为目击者越来越多，甚至连这辆车子的颜色是不是绿色也变得不确定起来，人们众说纷纭，却没有一个人记下车牌号。和货车司机有过接触的两名女子也因为过度紧张而没有记住司机的长相及其他明显特征，这些都使得对货车的调查陷入困境。

第一名嫌疑人浮出水面：在继续追踪货车的同时，FBI 探员将主要精力放在搜寻这一区域内的可疑人员上，如有过犯罪记录的人等。最先被调查的就是居住在这一范围内的数量众多的绑架犯和性犯罪者，FBI 探员有着他们最详细的资料，甚至比他们自己知道的都多。三天后，警方对媒体发出声明，称他们已经锁定一名犯罪嫌疑人，这个人叫金桑谷，现年 30 岁，曾经是俄勒冈州立大学遗传学专业的一名学生。这个人的背景十分令人怀疑，做出绑架女学生之类的事情也不是不可能的。金桑谷和父母一起居住，社交范围极小，尤其是在与女性相处方面似乎一直都很糟糕。就在布鲁克失踪的十几天之前，金桑谷曾经被捕，但随后又因为证据不足而被释放。至于他被捕的原因，是有人指控他从俄勒冈州立大学的女生宿舍偷走了很多内衣。当金桑谷再次被捕之后，警方全面搜查他的房间，发现 3400 多条女士内裤，数万张被拷打的女性照片以及七支冲锋枪。最让人难以理解的是，警方还发现一些装在密封袋里并贴着标签的棉絮，警方不知道这些棉絮是做什么的，但其中几个密封袋的标签上所写的就是来自橡树公园公寓，也就是布鲁克最后出现的地方。更骇人听闻的是，警方在金桑谷的电脑上发现了一个文档，这个文档里是一个女孩从被勒死到分尸的详细计划。即便早就见过很多血腥的犯罪现场，这份文档还是让 FBI 探员直冒冷汗。

陷入僵局：就在几乎所有人都认定金桑谷就是凶手的时候，他却拿出自己的不在场证明——布鲁克受害的那天早上，有证据显示金桑谷去了 120 千米之外的商店购买笔记本电脑。没有证据证明他是凶手，因出现其疑似不在场的证明，警方不得不释放金桑谷，然后去寻找新的线索。但始终没有新的线索出现，即便是警方的悬赏再次增加也无济于事，那辆绿色的货车始终不见踪影，以至于大家一度以为这将会变成一件悬案。搜寻队也停止了搜索，因为队伍里大多都是自发组织的学生，他们不可能一直这样漫无目的地搜寻下去。

转机：就在警方几乎要把这件案子定为悬案的时候，新的线索出现了。2004 年 11 月 29 日，在美国新墨西哥州阿尔伯克基城，一个距离布鲁克失踪的地方足足有 2240 千米的城市，一位同样有着一头漂亮金发的俄罗斯交换生正走在新墨西哥州立大学附近的一条马路上，这时一个男人突然用刀劫持了她，并且命令她进入一辆红色的汽车。上车后，这个歹徒把她带到一个废弃的停车场侵犯了她。之后，这个男人绑住她的手、塞住她的嘴，并且再次将其带上车，驱车离开。女孩虽然心中充满了恐惧，但无能为力，万幸的是不久之后车子停在一处公寓前面，大概是认为女孩无法逃脱，这个男人独自一人离开车子，进入公寓。女孩趁这个机会逃离车子，在路上试图求助，可因为其赤身裸体，周围人都拒绝了她的请求。一位开着车的女性注意到这个女孩，并把她扶到自己的车里。在听这个女孩用生硬的英语叙述事情的经过之后，开车的女士拨通了报警电话。就在她们拨打报警电话的时候，先前绑架女孩的红色汽车从她们旁边疾驰而过。不久之后，警察找到那辆汽车并逮捕了车主，一个自称乔伊·考特尼的男子。这个男子是三个孩子的父亲，有着施虐倾向。在调查取证之后，警方以一级强奸罪和绑架罪起诉乔伊，并且请求法院从重处理。

乔伊·考特尼有着很长时间的性侵历史，除此之外，他还有很严重的家庭暴力倾向，曾因此被他的儿子拨打 911 举报过。在梳理他过往的犯罪经历时，阿尔伯克基警局发现这个人在布鲁克失踪的那天曾经出现在橡树公园公寓附近，虽然他们当时还不知道那所公寓里发生过一桩疑似被定为悬案的案件，但是还是觉得有义务确定一下乔伊是否在那里犯下类似的绑架案件。于是，在布鲁克失踪将近 6 个月之后，科瓦利斯警局收到了新的线索，案件被重新启动调查。

FBI 探员很快找到新的线索：在布鲁克失踪的时候，乔伊正在为一家房屋管理公司工作，而公司派给他的车就是一辆绿色的货车。因为乔伊未经允许将车子开到新墨西哥州，所以公司不得不派人把车子追回，然后重新投入使用。这一次为了尽快调查出结果，警方直接将那辆货车买了下来。但对于能否找到证据，很多人都表示怀疑。一方面，那辆车被重新使用了好久；另一方面，车上放的都是清洁用的化学药品，留有痕迹的可能性很小。

不久之后，鉴定小组传来好消息：在货车被拆掉的座椅上发现了乔伊的指纹和 DNA，并且在同一位置发现了布鲁克的指纹和 DNA。最终，警方对乔伊的所有指控宣告成立，尤其是其中的几宗强奸杀人案，足以让法院判其死刑。而随着乔伊的罪行被发现，金桑谷的嫌疑被彻底洗脱。

随后，乔伊交代了自己的犯罪经过：当天，他向好几名女生搭讪并试图邀请她们上车都被拒绝。当他找到布鲁克的时候，发现这个女孩不仅非常热心地为他指路，而且没有丝毫戒备和提防。于是，他觉得这是个很好的机会，便趁着周围没人强行把布鲁克挟持到车上，并将其带到远处的一片树林当中……

犯罪心理分析

在美国，性侵是一种比较严重的罪行，毕竟对极度重视个人隐私和人权的美国人来说，这种犯罪是绝对不可原谅的。但是，由于种种原因，很多性侵案件最终不了了之。

就拿本案来说，金桑谷的特征似乎最符合人们对于罪犯的想象，比如，社交范围非常小、和女性关系相处不融洽等，再加上警方在他家中搜到的诸多线索，显然他即便不是一个罪犯，也是一个潜在的罪犯。但事实上，真正的罪犯另有其人，乔伊是个暴力分子，同时又是一个胆大妄为的连环强奸犯。

而他之所以屡屡作案，频频得手，和他所处的环境有着极大的关系。从后面的调查中我们可以看出，乔伊有着长期性侵女性的历史，却一直没有被抓捕、受到惩罚，始终逍遥法外。这其实与美国某些人特有的道德观念有关，使得人们没有对此类案件有足够的重视。

此外，乔伊疯狂的狂躁和暴力似乎又是美国社会的一大隐忧。这是人心浮躁的产物，使得有些人屡屡挣脱法律与道德的束缚，不自觉地爆发出邪恶的本性。而这些潜藏在人心底的恶念一旦爆发出来，就会导致人间悲剧的发生。

犯罪预防指南

本案当中，前两名和乔伊有过接触的女生就是警觉性非常高的，为我们做出一个好的榜样。她们在遇到同样的危险时，能够化险为夷。第一名女生虽然当时所在的地方人很少，但并不是完全没有人，因此不做理会、迅速离开就是最好的选择。毕竟在校园里，很少有罪犯敢直接强行将人劫持，而针对这类性质恶劣的案件，警察无论是办案速度还是重视程度都绝对要高得多。第二名女生因为身在相对安全的大街上，所以立刻拨通了报警电话，这无疑也是明智的做法。要知道与其抱希望于路人的营救，倒不如自己想办法自救。而想要预防这一类型的绑架，最主要的就是让自己尽可能地远离危险。

第一，独自出行的人不要走过于偏僻的地方。中国古代常把抢劫叫作“劫道”，这里的“道”明显不是指集市上人潮涌动的道路，而是指那些在山间或林间幽静偏僻的人迹罕至的路。不管是劫财还是劫色，歹徒多会选择在僻静处埋伏，选择落单的人下手，因此远离这些地方当然可以降低遇害的危险。

第二，不要过分相信他人。比如，突然说要捎你一段路的陌生人，或者突然送你饮料喝的同车人等，我们都要提高警惕。在初到陌生城市时，如果没有朋友熟人，一定要提前在网上查好路线并订好住宿的地方。如果轻信别人，任由其为你带路，对方很可能会把你带到僻静的地方实施抢劫，甚至绑架等。

第三，如果在人多的地方被挟持，这种情况反倒最好对付。即便是再有经验的绑匪在遇到远超出预料之外的事情时也会发愣，而这一个发愣的瞬间就是我们逃跑的绝佳机会。如正在街上行走时，你的背后突然抵上一把刀，命令你跟着走，此时如果直接反抗肯定是有生命危险的，但如果你突然趴在地上号啕大哭呢？我们都能想象，一个成年人在大街上突然号啕大哭将会引来什么样的后果？肯定是人们纷纷涌过来围观。而当大量的人围过来之后，回过神来的绑匪又会怎么办呢？当然是趁着没被人发现赶紧溜走。可见，在被绑架之初，只要反应足够雷人，一定可以在吸引旁人注意的同时，让绑匪措手不及，甚至在原地呆若木鸡。

第四，这里可以给大家提一个小小的建议。很多人都会在手机上设置一些快捷方式，以方便自己拨打某位亲人或朋友的电话。那么，我们也可以把报警电话加入其中。尤其是现在很多手机都具有语音拨打功能，当你夜晚一个人走在路上，突然遇到危险的时候，一句“救命”或一键拨通了110，这样一来，在犯罪发生之初，警察就已经尽数出动，那么获救的概率就大大增加。所以，在提高自己安全意识的同时，能够在最短的时间内报警也是很重要的一种自我保护措施。就拿FBI来说，他们有强大的搜寻能力不假，有强大的破案能力也不假，但很多时候在他们接到报案时，对受害者来说，等待救援到来为时已晚。

此外，警方对于犯罪的预防，是一个难点。先不说能不能发现潜在的罪犯，即便发现也很难处理。如本案中的金桑谷，他的背景和特征几乎可以被警方认定就是一个潜在的罪犯，但是警方和FBI都没有他的犯罪证据，所以只能将其无罪释放。那么，接下来还能做些什么呢？加强监控是不可能的，毕竟监控一个没有犯罪事实的公民绝对是一件违法的事情。所以，FBI探员能做的就是将其记录在案，这样下次再有类似案件发生的时候，就可以第一时间把嫌疑定位在他的身上，令案件侦破更加有的放矢。

犯罪心理档案

天使的悲鸣（一）

案发：1965年10月26日，美国印第安纳州波利斯警局的电话突然急促地响了起来。电话那头，一个略显稚嫩的声音告诉警察，他发现了一个年轻的女性死者。报案者的情绪极度紧张，在反复追问下，警方终于确定了案发地点：东纽约街3850号，死者就是在那里被发现的。

警察原本以为这不过是一起普通的案件，至于具体是凶杀还是意外，去现场查看一下也就知道了。但是，当他们到达匿名报案者提供的案发地点时，却被眼前的一幕惊得目瞪口呆。

一间肮脏而简陋的屋子里，摆放着一具消瘦的尸体，上面布满了大大小小的伤口和瘀痕，其中很大一部分明显可以看出是灼伤。后经法医鉴定：这样的伤口在这具瘦小的尸体上竟然超过100处。死者的前胸被烙上一个阿拉伯数字3。而更令人惨不忍睹的是，这具明显还是个孩子的尸体的腹部被烙上一行大写字母“I'M A PROSTITUTE AND PROUD OF IT!”（我是一个妓女，并且以此为荣）。现场的警察都震惊了！这个女孩生前到底受到怎样的非人折磨？又是什么人能这么残忍地对待一个孩子？在接下来的调查中，渐渐浮出水面的事实一次又一次地考验着警察的心理承受能力——案件真相的残酷程度远远超乎他们的想象。鉴于案情严重，警方向当地的FBI办公室请求帮助，FBI犯罪心理分析专家应邀介入调查。

调查：一名据称曾和死者住在一起的年轻人为FBI探员提供了关键的线索—— 一封死者前几天离家出走时留下的信。信件的大意如下：

“致莱肯斯先生和夫人：

我在半夜和一群男孩子一起出去，他们说我如果听他们的话并给他们一些东西的话，就会付给我钱，所以我上了他们的车。但是，他们得到自己想要的东西之后不但没给我钱，还打了我，并且在我的肚子上刻了一行字：‘我是一个妓女，并且以此为荣’。”

但是，根据多年的办案经验，FBI探员并没有相信这封信的内容，而是展开仔细调查。他们想要抓住那个毫无人性的罪犯，不论“他”是一个人还是一群人。

死者有着一个天使般的名字——西尔维娅，是一名年仅16岁的少女，留着一头漂亮的卷发。在生活中，这个小姑娘也是一个活泼开朗而又极为善良的女孩。据一位熟悉西尔维娅的牧师回忆：她非常喜欢去教堂，而且喜欢滑旱冰和跳舞，虽然成绩一般但是待人友好。朋友们给她起的绰号叫作“Cookie”（小点心），因为她很有幽默感，再加上可爱的外表，总能让周围的人开怀大笑。这位牧师很难相信到底是什么人会如此残忍地对待这样一个单纯无害的女孩。当谈起那封貌似“遗书”的信件时，这位牧师却指出：西尔维娅喜欢笑，却从来不会在笑的时候张嘴，因为她怕别人知道她缺了一颗门牙，这件事让她感到非常害羞。

FBI 犯罪心理分析专家认为，连缺了一颗门牙都会感到害羞的女孩又怎么会一点羞耻感都没有，在半夜里为了钱和一群男孩子出去呢？这一切都证实 FBI 探员之前的判断，那封信并不可信。还有其他一些熟悉西尔维娅的人也证实牧师的话是比较客观的。

于是，FBI 探员转而开始调查西尔维娅出事之前生活的地方，那里并不是她自己的家。西尔维娅在家庭中并不受重视，在她出生之前和之后，分别有两对龙凤胎兄妹出生，所以她在家里看起来是最孤单的一个。她的父母莱肯斯夫妇的经济状况很拮据，婚姻状况也是矛盾重重。因为生活所迫，他们不得不一次又一次地搬家，在西尔维娅仅有的 16 年生命当中，他们至少搬了 14 次家。这使得莱肯斯夫妇觉得把西尔维娅和她的妹妹带在身边很不方便，所以经常把她们寄养在邻居家中。

在西尔维娅生命中最后一次搬家之后，她的妈妈贝蒂因为犯案被抓。于是，无人管束的她们接受了一位新朋友的邀请去她家里做客，这个新朋友叫作宝拉，是新邻居怀特家的孩子。莱肯斯听闻妻子被抓的消息后，便出来寻找她们，当时两人正在邻居家里做客。于是，莱肯斯就顺便做出一个决定——把两个女儿寄养在怀特家，并且每个星期支付怀特夫人 20 美元的酬金。不知是出于什么原因，莱肯斯临走之前向怀特夫人叮嘱了这么一句话：“请严厉地管教她们，她们的母亲对她们实在是太放纵了。”这或许就是之后悲剧发生的导火索。

开端：西尔维娅姐妹在怀特家里的第一个星期并没有什么特别的事情发生。但是在第二个星期中，两人的寄养费用没有准时寄到，于是怀特大发雷霆，辱骂两姐妹并且要求她们趴在床上露出屁股来挨打。

虽然第二天两姐妹的寄养费就邮过来了，但是她们的生活状况并没有因此而得到改善，反而更加恶劣。怀特夫人开始找各种借口来殴打她们，因为西尔维娅有捡废弃瓶子卖钱的习惯，所以被无端地指责为喜欢行窃，如果不承认就会以不诚实为借口受到体罚；还有就是被莫名地指责和其他男孩子有不正常关系，这个“罪名”比行窃更加莫须有，但看起来怀特夫人似乎并不在意那些是否是事实，她只是需要一个殴打她们的借口。

由于西尔维娅正处于长身体的阶段，所以食量比较大，这又给了怀特夫人一个新的灵感。在吃晚餐的时候，西尔维娅的香肠会在餐桌上传递一圈，怀特夫人和她的每个孩子都会在香肠上面撒一些东西，有辛辣的调料，有苦涩的酱汁，也有别的难以入口的东西。然后，他们会逼迫西尔维娅吃掉香肠，如果吐出来还会被命令吃掉自己的呕吐物。

爆发：西尔维娅并不是一开始就受到非人的虐待，最初的时候只是偶尔遭受不公正的体罚，而且还是在种种借口的遮掩之下。久而久之，渐渐变成常态，最终演变为令 FBI 探员震怒的残忍虐待。

情窦初开的西尔维娅有了男朋友，因为无人管束，所以两个人曾经悄悄地躺在一个被窝里，当然他们之间并没有什么越轨的行为。“你会怀孕的！”怀特夫人知道这件事之后开始残暴地虐打西尔维娅，具体过程不得而知，但在后来的验尸报告中显示：西尔维娅的耻骨附近被严重击伤。即便如此，对西尔维娅造成最大伤害的人不是怀特夫人，而是她的女儿宝拉。这个女孩品行很不好，曾和一个中年大叔厮混在一起，并且有了身孕，出于某种扭曲的心理，只要一有时间，宝拉就会去虐打西尔维娅。为了报复宝拉，西尔维娅也开始在学校里说宝拉的坏话，如“宝拉是个妓女”之类的话。当然，这似乎是很常见的现象，小孩子的报复行动也就仅此而已。但从此以后，宝拉在学校里的男友也加入虐打西尔维娅的行列，并且在怀特夫人的授意下，她的孩子们开始到处散播西尔维娅“品行不端”和“不纯洁”的谣言。后来，在进一步的调查中，怀特夫人不止一次地强调西尔维娅在学校里诋毁她的女儿。但小孩子之间的语言攻击不就是这样吗？正如两个小孩子吵架，其中一个骂道：“你是个笨蛋”，于是另一个立刻反击：“你才是笨蛋”，这是常见的现象。

一个名叫里克的男孩本来很喜欢西尔维娅，但当怀特夫人告诉他西尔维娅一直在诋毁他的妈妈时，里克也开始加入虐打西尔维娅的队伍。在怀特夫人的教唆和挑拨之下，引发了更多的虐打事件，宝拉甚至养成随时随地抄起东西砸向西尔维娅脑袋的习惯。四起的谣言和对生理知识的不了解，使得西尔维娅真的以为自己怀孕了，尽管种种迹象表明，当时她并没有和任何人发生过性关系。

丧心病狂：怀特夫人一家对西尔维娅的虐待逐渐到了一种令人发指的程度，非人的虐待使西尔维娅的身心受到难以想象的伤害，甚至开始失禁，这一方面可能是因为承受巨大压力之后的内心焦虑，另一方面则可能是肉体上的伤害所导致的肌肉损伤。为此，他们把西尔维娅绑起来，禁止她上厕所，并且强迫其浸泡在滚烫的开水当中。西尔维娅被禁止进入卧室，只能和狗一起待在地下室，为了防止其逃跑还把她绑了起来。其间还有许多更加惨绝人寰的虐待，最终在西尔维娅的一次反抗当中，被愤怒的怀特一家虐待致死。

犯罪心理分析

西尔维娅的遭遇在令很多人震怒的同时更令人唏嘘不已，到底是什么铸就了这个花季少女如此悲惨的命运呢？FBI 犯罪心理分析专家的结论显示原因有很多方面。

首先是怀特夫人，导致西尔维娅悲剧的祸首。怀特夫人名叫戈特鲁德，在家中排行第三。女孩子小时候总是很容易崇拜自己的父亲，戈特鲁德也不例外。但是，在她 11 岁的时候，父亲因为心脏病突发而猝然去世，从此她性情大变，变得非常叛逆。18 岁的戈特鲁德就和一个叫约翰的警察结了婚，并且开始不断地怀孕。约翰也不是一个好丈夫，他解决夫妻矛盾的方法只有一个，那就是拳头。所以十年之后两人离了婚，这期间两人有了四个孩子。

离婚不久，戈特鲁德就找到了新欢，却没能持续多少时间，因为这个新欢不愿意抚养她带来的四个孩子。不久之后，她又和前夫复婚，两人继续一起生活了七年，并且又生育了两个孩子。再次离婚后，戈特鲁德的新欢是一个年仅 23 岁的小伙子，这时候她已经 37 岁。最终，这个小伙子也偷偷离开了，戈特鲁德却为他再次生育了一个孩子。长期吸烟以及多次怀孕和流产令戈特鲁德的身体状况变得很差，而且由于她的前夫和情人们都因犯罪而进了监狱，所以孩子们的抚养费也时有时无，只能靠给别人看孩子来赚钱养家。在这样的情况下，她的心理状况产生了严重的扭曲，仔细对比一下就可以发现，所有她安在西尔维娅身上的那些莫须有的罪名其实都源自她和她的孩子们：她诋毁西尔维娅的“不纯洁”和“怀孕”是因为她自己的女儿宝拉——同样叛逆的一个女孩和一个中年人有了身孕，无法指责自己女儿的她把怨气发泄在西尔维娅身上；还有对于行窃的指责，一方面是为了寻找一个打人的借口，另一方面也同样可能是来自她自己孩子的行为，毕竟她的经济状况是非常糟糕的，靠给别人看孩子和做零活儿挣来的钱想要养活七个孩子几乎是不可能的事情。人的恶念一旦产生而不去控制就会无限制地膨胀，再加上直到西尔维娅被折磨致死的前一刻都没有人去制止她的行为，自然就会令她的扭曲心态更加肆无忌惮。

其次是家人的不负责。在两姐妹刚受到虐待的时候，她们曾经去找过姐姐戴安娜，却被姐姐认为是她们不听话招致的打骂而没有理会。在法庭开始审理这起案件的时候，法官曾询问过西尔维娅的父亲莱肯斯是否在寄养之前了解过怀特家的情况。但莱肯斯的回答是——自己没有去窥探别人家情况的习惯，这显然是一个蹩脚的推脱之词，把孩子寄养在一个不熟悉的家庭当中本身就是一件很不负责的事情。怀特夫人家有七个孩子，但是家中连一件像样的厨具都没有，这很容易让人想到生活质量有问题，但这些都没有被莱肯斯纳入考虑的范围。而且直到西尔维娅受虐死亡之前，莱肯斯都没有发现自己的孩子被虐待，孩子没有直接告诉父亲固然是一个原因，但这明显不能为莱肯斯的不负责任开脱。

最后是旁人的漠视。西尔维娅的一个同学曾经和自己的妈妈讲述过她的遭遇，但这位妈妈轻率地认为不过是“正常”的管教。曾经有一户人家试图将孩子寄养在怀特夫人家，但当他见到宝拉对西尔维娅肆无忌惮的虐打时立刻放弃了这个想法。令人意外的是，这位先生随后就离开了，根本没有意识到自己应该把这些情况告诉警察。西尔维娅死亡的前一天晚上，曾经在地下室用铁锹弄出很大的响动，周围的邻居都能听得见，但同样没有一个人认为应该站出来制止或者立刻解救那个可怜的孩子。后来，怀特家的孩子对西尔维娅的虐待已经明目张胆，甚至连一些邻居家的孩子也参与其中，但同样没有一个人去深究，就连打个电话报警的想法都没有。

综合上面的各种因素，使得小小年纪的西尔维娅失去对外界的信任，她不知道自己还能够向谁求救。再加上怀特夫人一直用妹妹珍妮的安全来威胁西尔维娅，她甚至不敢也不知道自己可以逃到哪里去，只能默默地忍受着非人的折磨，直到生命消逝的那一刻为止。

犯罪预防指南

女孩西尔维娅的故事令我们唏嘘感慨，那么，应如何预防类似的事情重演呢？

首先，家长需要提高孩子的自我保护意识，要让孩子清楚当自己受到伤害的时候应该怎么办。如果西尔维娅姐妹懂得找警察来解除自己的困境，这场悲剧就很有可能会避免。

其次，家长需要多关心孩子。当然，这种关心并不等于过度保护。小孩子的心理并不成熟，所以很多时候都难以判断自己所遭受的是什么，这就需要家长及时体察、及时发现，并及时采取措施。

最后，制止儿童受到虐待是每一个成年人都拥有的权利和应尽的义务。“我打自己的孩子关你什么事？”这样的反驳根本没有任何法律依据。当每一个人都积极地去保护未成年人的权益时，骇人的虐童案件自然就会减少，类似的人间悲剧也会在很大程度上不再上演。

犯罪心理档案

天使的悲鸣（二）

案发：2008 年 6 月的一天，在美国华盛顿一所私立的天主教小学，一位老师无意中拿起同事的相机。相机似乎是办公用的，他或许认为自己的同事把相机带到学校来无非是想拍一些孩子们的日常生活。但在翻看的过程中，这位老师突然目瞪口呆——相机里存有大量的儿童色情图片，甚至其中出现过的一些孩子当时就坐在教室里上着手工课。这位老师愤怒地报了警，该案件引起警方的高度重视，FBI 也随即介入案情调查。而当警察赶到嫌疑人家里的时候，狡猾的嫌疑人早已逃之夭夭了。

调查：出于谨慎考虑，FBI 探员在对嫌疑人发出通缉令的同时开始着手调查整个案件的内情。令人吃惊的是，几乎所有认识嫌疑人的人口径都出奇地一致——他是个好人。嫌疑犯名叫埃里克·贾斯汀·托特，有着良好的教育背景，曾就读于美国著名的康奈尔大学，一年之后转学到普渡大学，并获得教育学学士学位。除此之外，他还精通计算机和互联网安全。

“他是一个计算机专家，在互联网安全方面是一个高手，而且喜欢逛各种社交网站。”一位女士在接受询问的时候这样说道，“他看起来绝对是一个绅士，怎么可能会去侵犯幼童呢？”但是，他经常流连的各种社交网站还是为FBI犯罪分析专家提供了新的线索，他们希望从中找到埃里克更有力的犯罪证据。虽然还不能完全确定，但种种迹象表明，埃里克就是那些照片的拍摄者。其后，FBI探员果然找到了埃里克进行儿童色情照片交易的确切证据，即便他极为精通计算机操作，也无法逃过FBI网络专家的法眼。

令人诧异的是，学校调查当中，很多老师和学生认为埃里克是一个热情而又亲切的好老师，甚至还是某青少年俱乐部的顾问，很多孩子都会向他寻求一些生活或者心理上的帮助。但是，当FBI儿童心理专家开始询问照片中出现过的学生时,埃里克的罪名被证实了——“是埃里克老师让我拍的”。他让孩子们做出和成年人一样的动作，然后拍下照片。孩子们虽然觉得很好奇，但并不能分辨自己遭受的到底是什么。而且很多受害的孩子都对埃里克无比信任，甚至做出约定不告诉任何人，就算妈妈也不行。当然，出于对孩子们的保护，FBI并没有透露照片中到底有多少孩子，又分别是哪些孩子，连询问的过程都混入大量没有受害的孩子来保护受害者的隐私。

追踪：追捕的过程并没有想象中顺利，从埃里克能够及时逃走就可以看出他是一个十分谨慎与聪明的人。如果不是一时疏忽被同事发现相机中的照片，此时的他也许依然是一位受人尊敬的老师。FBI探员在调出埃里克的照片准备发布通缉令的时候才发现其果然是一个狡猾的嫌疑人，为了避人耳目，他经常会装扮成不同的形象出现。在一组2006年到2008年的照片中可以看到：这个人有时候会穿得西装革履、一副文质彬彬的白领模样，有时候又会变成一个满脸胡子、浪荡不羁的醉汉，之后又可能是一个穿着怪异却不特别引人注意的艺术家……每次做不同的装扮时，他的形象都会有很大的反差，如果不是特意调查，基本上不可能会被当成同一个人。这些照片佐证了埃里克蓄意犯罪并且已经长时间作案的分析。

最后，FBI 探员得出一些结论：埃里克是一个白种人，身高 1.9 米左右，体重约 70 公斤，棕色头发，绿色的眼睛，并且左眼的下方还有一颗痣。麻烦的是，埃里克的照片根本无法直接放在通缉令当中，那些照片看起来根本就不是同一个人。于是，FBI 探员开始在全社会征集线索。对于能够直接导致埃里克落网的线索，他们愿意支付 10 万美元的赏金。

埃里克逃亡之路的第一站是位于印第安纳州的父母家。他像往常一样驾车回到家中，没有让父母发现一丝异常，然后迅速离开，等 FBI 探员赶到的时候早已经消失得无影无踪。2008 年 8 月，有人举报在圣保罗国际机场发现了埃里克的车，但当 FBI 探员赶到时依旧扑了个空——车里没有任何人，只是多出了一些新的儿童色情照片，这让 FBI 探员更加迫切地想要抓住这个坏人。2009 年，再次有人举报在菲尼克斯的难民营看到了埃里克，急忙赶去的 FBI 探员依旧没有抓到他。之后，埃里克曾用多个化名先后居住在亚利桑那州、威斯康星州以及伊利诺伊州等。以 FBI 的追捕能力一次又一次地被埃里克逃脱，不得不承认他是个天才，却把自己的才能用在不可饶恕的犯罪上。

事态升级：埃里克在逃跑的过程中依旧不断地犯案，或许他已经无法控制自己不去犯罪，又或许他是在向警方炫耀、挑衅。这个形象多变而又善于流窜作案的惯犯使许多家长感到不安，他们甚至害怕埃里克会突然出现，然后趁自己没注意的时候带走自己的孩子。良好的教育背景以及曾在学校任职的经历让埃里克很容易获得与儿童教育相关的工作，形象多变又使得想要第一时间辨认出他来很难。另外，根据他之前任职学校里孩子们反映——他是一个“很有魅力的老师，并且很可爱”，想要得到别人的信任对埃里克来说是一件相当容易的事情，这无疑再度提升了他的危险性。情况演变得越来越严重。2012 年 4 月，经由 FBI 的 56 个办公室联合提名，将埃里克列为通缉榜的首位。要知道，FBI 十大罪犯通缉榜的抓捕率高达 94%，一旦入榜就意味着将会面临 FBI 在全世界范围内的全力追捕。不仅如此，FBI 还将埃里克送上美国的热播电视节目《全美通缉令》，并在自己的官方网站上公开向全社会寻求帮助：“我们要让所有人都能辨别出眼前的人是不是埃里克，我们一直在等一个电话打进来，然后告诉我们埃里克现在正在哪个学校工作，又或者正走在哪条大路上。”屡次逃脱且不断犯案的埃里克让 FBI 大为恼火，并且十分担忧，或许此刻某个孩子正在遭受侵犯。

落网：2013 年 4 月 22 日，尼加拉瓜警方发出通告：FBI 头号通缉犯埃里克·贾斯汀·托特在尼加拉瓜北部落网，“美国头号儿童色狼案”终于告一段落。

犯罪心理分析

恋童癖：现在有两个很流行的词："萝莉控"和"正太控"，而且很多人也乐于承认自己就属于其中之一。其实，很多人只是喜欢小孩子的天真烂漫，他们可以在孩子身上看到自己的童年及想到一些美好的回忆，从而毫不吝惜地说出溢美之词。当然，喜欢美好的事物是每个人的天性，本身是无可厚非的。但是，某些人的行为却需要引起重视，我们可以称之为"恋童癖"。这一类人喜欢的并不是孩子的天真烂漫，而是小孩子本身。所谓"恋童癖"就是指对青春期前的孩子表现出关于性的兴趣，并且有性幻想，严重的甚至会对小孩子产生迫切的性需求，以至于对小孩子发生性行为。虽然称之为"癖"，但不论是医学还是心理学都可以明确地证实这并不是一种爱好，而是一种疾病——性变态，其还有一个明显的特征就是对成年的异性或同性缺乏兴趣。

当然，"恋童癖"并不代表就会犯罪，而且是一种可以治疗的疾病，甚至一些人靠自身的自控力就可以克服。但也有很多"恋童癖"患者会在没有外力干涉的情况下走向犯罪的深渊。他们会从喜欢和小孩子一起玩耍开始，直到向孩子伸出罪恶之手。大部分"恋童癖"是无法自我克制的，这是 FBI 犯罪心理学家根据大量案件总结出的论断。所以，我们不能寄希望于"病人"主动治愈自己，而要强制性地帮助他们治疗。

无底线的利益追求者：但是，并不是所有对孩子产生性犯罪的都是"恋童癖"患者，其中一些人是由于在同龄人或成年人中无法得到满足，从而把罪恶之手伸向弱势的孩子。这类犯罪所占的比重并不大，但依然需要引起重视。还有一些人则是为了寻求利益，这就催生了不法分子的儿童色情产业。为了金钱，他们敢于抛弃和践踏所有的人性和底线。变态狂也许还会有某一时刻偏执的善良，但是他们不会有，所以这类人的危险系数反而是最高的。

危害：儿童色情犯罪的危害极大，很多遭遇性侵的孩子都已经具有一定的思考能力，并且正处于世界观及价值观的形成阶段，极易受到影响。这些经历的阴影会使他们的性情向着懦弱、偏激等不正常的状态发展，甚至会毁掉孩子的一生。另一部分孩子或许因为年龄过小意识不到自己遭遇的是什么，但他们总会长大，总有一天会意识到自己曾经经历过什么，这种突然的自我意识同样会让他们无法承受。试想，一个从小就对社会产生不信任感，并且有着偏激认识的孩子长大以后又会发生什么呢？那将是常人所无法承受的生命之重，这样的犯罪给孩子带来的伤害是不可估量的。

社会的不正常心态：被媒体曝光的性侵儿童案件一直存在，但是能被曝光的案件永远只是冰山一角，更多的犯罪还存在于不为大众所知的阴暗的角落里。在被曝光的案件中，存在着大量的学校教职人员犯罪，这无疑是一个让人心惊胆寒的事实。虽然这些犯罪很隐蔽，但只要用心关注还是可以发现蛛丝马迹的。

犯罪预防指南

第一，提高儿童的自我保护意识。毕竟没有完全寄希望于“千日防贼”的道理，所以提高孩子自己的保护意识才是最关键的。很多孩子在遭受侵害的时候根本不知道那意味着什么，直到孩子无意间说起，父母才警觉起来找警方报案。可见，有的孩子根本不懂什么是性侵犯，这是教育的一个短板。在中国的传统文化当中，性一直是一个不能公开谈论的话题，家长在对孩子进行教育时也会有意识地回避这个问题，这就导致大部分儿童不懂或只是一知半解。在对北京一所小学的调查中，几乎没有一个孩子能明确地知道什么是性安全教育，更谈不上掌握自我保护的方法。虽然现在网络极为发达，但缺乏正确的引导只会让孩子误入歧途。

第二，家庭和社会教育的缺乏不仅体现在孩子中间，还体现在成年人中间。一位中国商人的妻子带着上小学的孩子在美国求学。一次，在去美国探亲的时候，这位商人想让女儿坐在自己的腿上，但遭到女儿的拒绝。因为老师和他们说过只要自己不愿意，任何人都不可以强迫自己与之发生身体接触，即便是亲人也不可以，如果有强迫行为，甚至可以直接向警察求助。这位商人听后非常恼火，认为学校教坏了他的孩子。由此可以看出，在成年人中间，保护儿童的安全意识也存在很大的缺失。

第三，家长的关注也是不可或缺的。在孩子还没有能力进行自我保护的时候，家长的教育和保护就起到了关键性的作用。中国是一个关系社会，人们对于老乡、同事、邻居以及朋友等熟人是最不设防的。但在类似案件中，大部分都是熟人作案，因为熟人更容易得到孩子的信任。

第四，加强来自社会的监督。和虐童案件一样，面对儿童性侵与疑似儿童性侵的事件，每个人都有权利和义务去举报和制止，不能因为“这是人家的孩子”或者“这是他们自己的孩子”就听之任之。同样，法律也应当给予人们这一方面的权利保护。

第五，权力机关应采取相关措施。2002 年，在英美两国联手打击“恋童癖”犯罪的行动当中，仅美国就驱逐了英国籍“恋童癖”几千余人。此外，欧洲很多国家都会有专项整治行动，被抓获的嫌疑人基本上都会被起诉并且得到法律的制裁。在一些国外法律当中，性侵儿童甚至会被执行化学阉割，即使这一措施一直饱受诟病。在美国某些州，只要有过性犯罪的历史，就必须定时到警察部门报备。

大人的无耻、小孩的无知等多方面因素共同造成此类犯罪屡禁不绝。全社会必须多管齐下，重拳出击，保护儿童的身心健康。

我的妻子失踪了

案发：2003 年 12 月 13 日，在美国马里兰州上马尔博罗市，凌晨 3 点半左右，一名男子打电话到警局报案，称自己的妻子晚上 11 点出去买东西，然后就一直没回来。华盛顿警局的探员迅速赶到报案人的家中，希望可以从这个心烦意乱的男人身上了解到更多的情况。

回顾：报案人名叫布莱恩 · 威尔逊，12 月 12 日，他和妻子英咖 · 威尔逊想度过一个完美的二人世界，所以在白天的时候，他们就把孩子送到姨妈家里。当天晚上，他们去了期待已久的餐厅，还看了一场电影，回到家的时候已经将近 11 点钟。之后，英咖突然决定去买些糖果，虽然时间已晚，但因为超市就在楼下不远的地方，所以布莱恩并没有反对。可是，谁知道妻子这一去就再也没有回来。

英咖离开之后，布莱恩就躺在沙发上睡着了，等他一觉醒来，仍然没有看到早应该回来的妻子，电话也打不通。他甚至询问了所有的亲戚，但没有人知道英咖去哪儿了。想寻找一个在午夜失踪的人是很困难的，因为街上基本没有行人，这意味着没有目击者。警方走访了周围大部分人家和全部商店，没有一个人看到过英咖，甚至连一些奇怪的动静都没有。那么，她到底去哪儿了？警方一边发布英咖 · 威尔逊的失踪公告，一边劝说布莱恩耐心地等待。

就在警方紧锣密鼓地寻找英咖时，华盛顿警局的报案电话再次响起：在距离英咖家大约 15 千米的亚当斯街区，有人发现一名死在车里的女性，这辆车就停在路边。迅速赶到现场的警员找到了一辆绿色的汽车以及一个受到枪击死亡的女子，他们根据女子身份证上的地址来到受害者的家里，就这样，两起报案电话的外派警员不期而遇。

线索：案发现场可以收集到很多线索。第一，英咖是坐在副驾驶座上的，并且系好安全带。根据现场的血迹来看，英咖死后并没有被人挪动过，这说明当时有人和英咖一起开车来到这里。而且从留下的几处痕迹来看，她是被坐在驾驶座上的人近距离射杀的。英咖身中四枪，其中有两枚弹壳落在车窗外面。

第二，副驾驶一侧的车窗玻璃已经被打得粉碎，只要一发动车子，玻璃就很可能被震落，但是这扇玻璃此时还在，那就说明凶手在杀人之后并没有挪动车子。

第三，英咖的表情很奇怪，没有惊恐，也没有其他负面情绪，反倒和平时没什么区别。再加上车里没有任何反抗的痕迹，而且英咖衣衫整齐，由此可以判断出凶手一定是英咖的熟人，而且是让她感到安全的那种熟人。

除此之外，警方还在车子后面发现一个装着可卡因的小袋子，汽车的钥匙不见了，英咖的手机也不见了。最关键的是，凶手杀害英咖时所使用的枪支同样不见了。

在英咖的家人悲痛万分的时候，警方也感到这起案件非常棘手，即便他们已经找来FBI。现场没有任何目击者，FBI探员迫切地希望查出司机是谁，因为这个人很有可能就是凶手，而想要找到这个人，只能根据英咖的社会关系去慢慢调查。

随着情绪的稳定，布莱恩给警方提供了更多的线索。英咖有一个习惯，在疲惫的时候喜欢吃糖果解乏，而当天回家之后，橱柜里放糖的盒子是空的，所以她才会半夜去买糖果。这个理由听起来似乎合情合理，但整个案件依旧让FBI探员一头雾水。按理来说，英咖买糖并不需要跑到那么远的地方。那么，是谁把她带到那么远的地方去呢？

首先，可以肯定这不是一起抢劫案，因为英咖身上的首饰都还在。其次，这也不是一起劫车案，因为被带走的只有车钥匙，而不是整辆车子。那么，英咖又是为什么被杀呢？根据之前发现的一小袋可卡因，警方推断英咖可能根本就不是去买糖果，而是去进行毒品交易。而在交易的过程当中，她可能发生了什么意外，所以被杀害了。

FBI探员最终转变了思路，他们开始调查最近被捕的犯人，也就是推断英咖死亡时间之后被逮捕的犯人。调查还真的发现了一些线索，就在英咖被杀的第二天，一个黑人男孩被警方抓获，当时从他的身上搜出一支A380手枪，而这支枪和射杀英咖的手枪属于同一型号。但遗憾的是，经过弹道对比，这个男孩手里的枪并不是杀害英咖的那一支。

一直找不到目击者，近期被抓获的犯人当中也没有知情者或参与者，所有的调查都陷入僵局，想要找到线索，那就只有一个办法：深入调查威尔逊一家的所有社会关系，或许会找到一些有用的线索。金钱、感情或其他一些稀奇古怪的原因都可能会导致凶杀案的发生。虽然在所有人看来，英咖和布莱恩都是令人羡慕的一对，但在FBI以前侦办的案件当中，几乎每起案件的当事人都有着不为人知的一面。

英咖·威尔逊：英咖出生在华盛顿特区，是家里最大的孩子，很早就开始承担家里的一切事务。成年之后，无论在生活还是事业上，英咖绝对可以算得上是一名成功女性。而她和布莱恩的感情尤其被人们所羡慕和称赞，自从两人恋爱开始，完全可以用形影不离来形容他们的生活状态，无论做什么事情他们都会在一起。1992年两人结婚，并先后有了两个孩子。2000年，他们在马里兰州上马尔博罗买了房子，并且定居在这里。英咖是银行经理，布莱恩则在邮政局工作，两人都处在事业的上升期。另外，他们都属于同一家教堂，一人是执事，一人是传教士。稳定而不菲的收入，固定的社交活动，有两个可爱的孩子，英咖的生活看起来是那么的完美。

但是，再完美的生活也会有一丝瑕疵。布莱恩的前妻就是英咖完美生活当中的那一丝瑕疵，甚至有愈演愈烈之势。布莱恩和前妻也育有两个孩子，在他们离婚之后，孩子的抚养权归布莱恩所有，因此，这两个孩子和布莱恩以及英咖生活在一起。布莱恩的前妻因为这些原因总是不分场合地出现在英咖面前并与之争吵，甚至有一段时间英咖申请了针对布莱恩前妻的禁令。但是，这些都没能缓解两人之间的矛盾，一方面是出自布莱恩前妻的无理取闹，另一方面则可能是缘于英咖的影响，两个孩子甚至开始仇视自己的生母。那么，布莱恩的前妻会因为嫉妒而变得丧心病狂，甚至杀人吗？她有着足够的作案动机，因此被 FBI 探员列为第一嫌疑人。但是，这条线索同样很快走向了死胡同，因为英咖被害的当天晚上，布莱恩的前妻有着充分的不在场证明，FBI 探员也对该证明进行了证实。

陌生人犯案，仇人犯案，种种线索都在调查当中被一一推翻，FBI 探员最终把目光放到一个贯穿始终但从未被注意的人身上——布莱恩。没有人觉得他会是凶手，所有人都在称赞他们的感情，但是 FBI 探员还是感到一丝不寻常。虽然他们也不认为布莱恩会是凶手，但是他和英咖的感情太不正常了。自打恋爱开始到现在，十多年的时间里几乎没有人见过两人发生争执，而且一直是形影不离的，这不应该是生活的常态，而是一种病态。

经过 FBI 探员的调查，布莱恩并没有枪，但是他和英咖的感情也并不像人们所说的那样好。布莱恩有外遇，并不是那种追求新鲜感和刺激感的外遇，反而像是布莱恩的移情别恋。一年前，布莱恩工作的邮政局里来了一个新员工，名叫蕾妮·本杰明，是一位年轻的单身妈妈。蕾妮一到新单位就对布莱恩产生了好感。这个男人不仅风趣幽默，还经常帮助她。如同青春期的少男少女恋爱一样，开始两人只是比较投缘，随着见面次数渐渐增加，两人的关系越来越近，终于越过了道德的边界。但是，这一切都被布莱恩隐藏得很好，几乎瞒过所有的人，包括妻子英咖。对蕾妮来说，她则一直不知道布莱恩已经结婚，因为布莱恩从来不戴结婚戒指，直到一个同事向其透露了真相。

随后，布莱恩和蕾妮之间发生了激烈的争执，蕾妮拒绝再和布莱恩联系，但布莱恩紧追不放，最终蕾妮同意继续做普通朋友，但两人的感情再也回不到从前了。在英咖遇害的前一个星期，布莱恩向蕾妮讲述了一个悲惨的故事：英咖和两个孩子开车外出的时候出了事故，孩子们没事，但英咖却受了很重的伤，住进了医院，随时有可能死亡。随着时间的推移，布莱恩的故事变得越来越悲惨，英咖已经被宣布脑死亡，将要被拔掉维持生命特征的所有仪器，而这一天正好是 12 月 12 日。布莱恩说他正在华盛顿特区一个人乱走，他希望冷静一下，因为他感到恐惧，并且希望蕾妮可以开车去接他，但是蕾妮断然拒绝了他的请求。本来对布莱恩的话将信将疑的蕾妮，在星期一上班的时候听说英咖真的死了，而且是被杀害，顿时吓了一跳。

FBI 探员被蕾妮的供述震惊了，如果她所说的都是真的，那么就意味着布莱恩对所有人编造了一个巨大的谎言；但如果她说的不是真的，那么她在英咖被杀一案当中又扮演着什么样的角色呢？本来 FBI 探员只是觉得威尔逊夫妇的感情好到常人难以理解，但没想到还真的调查出一些惊人的事实。

为了确定蕾妮供述的真假，调查员不得不一次又一次地询问案发当晚两人通话的细节。而蕾妮也在不断地重复一件事，那就是当晚 12 点到凌晨 1 点之间，布莱恩给她打了电话，说他的妻子英咖病死了，需要她去华盛顿特区接他，但被蕾妮拒绝了。而当调查员询问布莱恩的时候，他却断然否认一切，称自己并没有去华盛顿，也没有打电话给蕾妮，他只是在自己家附近寻找英咖。FBI 探员调出当时两人的通话记录，上面显示布莱恩确实在当晚 12 点 50 分左右的时候打过一个 50 秒的电话，但这个电话却是打给英咖的。那么，蕾妮说谎了吗？FBI 探员根据布莱恩的反应推测他可能知道更多的真相，但他拒绝合作，什么也不肯透露。FBI 探员对此产生怀疑，但也找不到任何证据能够把布莱恩和案发现场联系在一起。当然，蕾妮同样也在 FBI 探员的怀疑和调查人员名单当中。

在进行大量的调查之后，FBI 探员证实蕾妮的部分证词是真的。普通手机接收信号是基于地面的信号塔，所以 FBI 探员通过布莱恩手机的信号塔连接记录确定英咖被杀的当天晚上他就在附近。而之所以找不到布莱恩与蕾妮的通话记录，是因为他们使用的是一种双向通话服务，当两个人的电话绑定之后，每个月只需要支付一定的月租，就可以当作对讲机使用，所以没有通话记录。即便如此，FBI 探员还是从蕾妮的手机上找到两条直连布莱恩手机的记录，连接时间正好与英咖的被害时间吻合。

时间渐渐流逝，案件依旧卡在原地，FBI 探员仍然找不到布莱恩杀害自己妻子的证据，也不知道蕾妮在其中到底扮演了什么样的角色。但是，一年后的某一天，一个意外打来的电话给了案件新的进展。报案人声称，在一个派对当中，布莱恩和他的一个朋友起了争执，似乎是因为布莱恩不肯归还借走的一把枪。FBI 探员立刻找到这个和布莱恩起过争执的人，并与其进行了很长时间的谈话。最终，他们确定了一件事，这个人确实给过布莱恩一把 A380 手枪。这证实了 FBI 探员的猜测，却不足以作为逮捕布莱恩的证据，所以他们在这个人的车上安装了微型监控设备，并要求这个人戴上窃听器与布莱恩谈论关于英咖被杀的案子。

在 FBI 探员的监控之下，布莱恩否认自己杀了英咖，却承认自己有枪的事实，最后关于枪的去向问题引起两人激烈的争吵。案子变得明朗起来，但也困难起来，因为只要找到那把枪，在证据上面就无懈可击；但是要想找到那把枪，目前看来非常困难，因为很可能布莱恩已经丢掉那把枪超过一年，连他自己都不知道扔在哪里了。而找不到枪的话，就没有可以给布莱恩定罪的关键性证据。最终，在2005年9月，FBI逮捕了布莱恩，并以一级谋杀罪对其提起控诉。在审判过程中，FBI探员提供了大量间接证据，虽然没有一条可以直接证明布莱恩杀害了自己的妻子，但串联在一起之后让陪审团认可了FBI探员的判断。

随后，FBI探员还原了案发当晚的大概经过：布莱恩和英咖吃完晚餐，然后看了电影。之后，布莱恩不知道用什么样的理由说服英咖和他一起来到华盛顿特区，然后射杀了她。杀人之后，布莱恩本来希望蕾妮来接他，但在计划落空之后只能搭别人的便车离开。当他回去之后，就开始给每个亲戚打电话询问英咖的下落，并且报了警，装作一副毫不知情的模样。

最终，布莱恩被判处有期徒刑66年。

犯罪心理分析

在案件宣判结束之后，华盛顿警局的一位探员用一种复杂的语气表述了自己的疑惑："我实在想不通，和非常爱自己的妻子一起吃完晚饭，再看完电影，然后一枪杀死她，他究竟是如何能做到这一切的？"这位警探惊叹的不是布莱恩看似完美的犯案手法，而是他如何能对自己的妻子下得了狠心。而当英咖的妹妹得知真相之后，同样感觉难以置信，看起来那么恩爱的一对夫妻，布莱恩怎么能突然做出那么残忍的事情来？

想要探究布莱恩杀妻的原因，还要从头开始分析。拥有不错的收入、住着豪华的房子、有位漂亮的妻子，还有可爱的孩子，这一切看起来都非常完美，但也只是看起来完美而已。从案卷中，我们可以发现很多不为人知的细节，而这些细节正是诱发悲剧的关键所在。

第一，从案卷中可以得知，英咖是银行经理，而布莱恩只是个邮政局的小职员，可以想象得到，双方的收入差距应该是很大的。而他们之所以能过上中产阶级的生活，大部分功劳要归于英咖。在中国，妻子家世好并且挣钱多的话，丈夫就很容易被说成是吃软饭的，这是一种带有很大侮辱性的表述。国外的风俗虽然不同于中国，但大男子主义显然是不分国界的，这样看来，布莱恩在生活中对英咖有几分爱和几分恨也就值得推敲了。

第二，英咖是一名成功女性，她是事业型女人里做出成就的那一小部分。这样的女人一般会比较强势，独立性很强。虽然女强人在家里也可以做到温柔体贴，但很显然给不了一部分男人满足感和幸福感。因为有些人体现自己价值的方式就是被依赖，尤其是一些主观性、自尊心比较强的男人，他们其实不需要一个强势的妻子，而是需要一个完全依赖自己的妻子。英咖和布莱恩之间很可能就存在着这样的矛盾，只是被很好地掩饰起来。

从布莱恩和蕾妮的情感经历来看，他不是那种只为追求新鲜感和刺激感的人，反而是期待一种水到渠成的感情。如果单把两人的爱情经历拿出来，再加上几许波折和一个大团圆结局，那几乎就成了一个“缘分天注定”一样温馨的感情故事。一个年轻的单身妈妈、一个新来的员工，从经济上、社交上，不论从哪一方面来说，蕾妮都是相对劣势的一方，而布莱恩就是比较强势的一方，那么蕾妮自然需要依赖布莱恩，他就会在这种刻意营造出的氛围当中得到自己想要的爱情。

第三，没有不吵架的夫妻，尤其是十几年如一日的如胶似漆更是难以想象。如果真出现这种状况，那么两人当中至少有一个人是处于病态的，不是病态的依赖就是病态的迁就。显然，布莱恩就是这其中的一员，之所以两个人能够如此和睦地一起生活十几年，多半是布莱恩无条件迁就的结果。英咖正处于事业的上升期，一切以事业为重，如果再有一个体贴的丈夫，显然不会对生活有任何不满。而布莱恩则可能迫于经济上的压力，抑或由于英咖习惯性的强势，所以无限制地去迁就英咖。毕竟当一个男人去追求一个各方面都比自己优秀的女人时，肯定会想方设法地讨好和迁就对方。本来在结婚后双方的关系应该是平衡对等的，但当这种无限制的迁就被带入婚后生活，甚至双方都习以为常时，意外就出现了。

习惯了忍耐不代表没有愤怒，而无从发泄的愤怒会慢慢地积累下来，直到带入黄土或爆发出来。但也有人会悄悄地将其释放，如布莱恩的出轨。当然，这并不能成为他对妻子不忠的借口。俗话说："不怕不识货，就怕货比货。"相较于强势的英咖，布莱恩感情的天平自然会倾向于依赖他的蕾妮，这大概就是布莱恩移情别恋的原因。

第四，布莱恩实质上是一个极端自私的人，也就是人们常说的那种最爱的始终是自己的人。有句话叫得不到的永远是最好的，蕾妮的离开只会让布莱恩更想拥有她，而本来长期压制的情绪也被彻底释放出来，他开始为了所谓的爱情不择手段。比如，欺骗蕾妮说英咖因为车祸死亡，然后亲手杀掉自己的妻子。到了这个时候，或许爱情对布莱恩来说已经不重要，他的追求是占有。而他自认为占有蕾妮最大的阻碍就是英咖，所以他才能在吃完晚餐、看完电影之后狠心杀死自己的妻子。虽然很多人都不理解布莱恩为什么会做出那样残忍的事情，但是对于一个罪犯，尤其是一个自私到极点的罪犯，绝对不能吝啬用最大的恶意去揣度他们的心思。或许在开枪的那一刻，布莱恩心中还会生出一种报复的快感。

另一个表现出布莱恩极端自私的证据就是在杀掉自己的妻子之后，他并没有任何愧疚或后悔的表现，而是直接打电话给蕾妮，希望以英咖的死来博取她的同情，这无疑是一种自私冷血到极点的表现。他杀人的主要目的不是发泄愤怒，而是得到自己想要拥有的东西，如蕾妮。所以，他设计了这个看起来非常完美的谋杀案，为的就是可以令自己置身事外。或许在布莱恩看来，蕾妮拒绝他只是因为他有妻子，所以他骗蕾妮说英咖已经死了。但是，生活在同一座城市，双方难免会遇见，况且他想要和蕾妮生活在一起，索性一不做二不休，直接把英咖杀掉了事。

第五，如果当天蕾妮去华盛顿特区接布莱恩，他很可能会一时冲动，把一切都告诉蕾妮。这不是因为信任，也不是因为爱，而是因为他需要倾诉。从某些方面来说，大部分罪犯都是软弱的人，他们无法很好地自控，所以才做出意料之外、令人瞠目结舌的事情。

布莱恩为了自己的欲望打得一手“好算盘”，但是法网恢恢、疏而不漏，狠心的丈夫终究还是要为自己的罪行付出代价。

犯罪预防指南

根据一项统计数据，在故意杀人案中，因为婚恋纠纷导致的凶杀占比超过50%，而婚外情是其中一个非常重要的诱因。本案就是一个典型的例子。为了预防此类悲剧的发生，夫妻双方，尤其是女性在婚姻生活中要提高警惕，防微杜渐，用心经营自己的婚姻家庭。

首先，夫妻双方需要相互理解，坦诚沟通，设身处地为对方着想，给予对方应有的关怀与尊重。婚姻生活是一个漫长的过程，夫妻双方相处时难免产生摩擦和矛盾。即便这种问题被暂时压抑下来，就像本案中的情况一样，如果不及时沟通和化解，就会酿成大患。在本案中，布莱恩与英咖表面上和睦的夫妻关系背后暗流汹涌，凶杀案的发生与布莱恩长期压抑自我情绪导致的内心扭曲有着密切的关系。

其次，在婚姻生活中，要保持敏锐的洞察力，及时觉察对方的内心变化和情绪异常。由于夫妻双方长期生活在一起，会因为彼此过于熟悉而造成心理和情感上的麻木，形成婚姻生活中的盲点，忽视对方的心理需求和情绪变化，对潜在的问题视而不见，听而不闻。即便夫妻关系已经走到破裂的边缘，当事人仍然没有觉察到危险的存在，从而为家庭凶杀案的发生埋下伏笔。因此，在婚姻生活中，消除思想上的松懈和心理上的麻痹，提高警惕，保持洞察力是非常重要的。对于婚外情问题，尤其要防微杜渐，夫妻之间的相互忠诚是避免家庭暴力犯罪的重要防线。

最后，一旦觉察到对方有实施暴力犯罪的危险倾向，要及时采取防范措施，并向亲友和执法机关、社会组织求助。夫妻之间朝夕相处，为一方实施家庭凶杀犯罪提供了无孔不入的机会。所以，一旦发现对方有可能对自身和其他家庭成员的生命安全造成威胁，就要采取必要的措施进行自我保护，切忌因为思想麻痹酿成惨剧。

被炸死的比萨店员

案发：2003 年 8 月 28 日，在美国宾夕法尼亚州一个小镇上，一个打扮怪异的男人拿着一柄奇怪的手杖走进银行。这个男人穿着普通的白色衬衫，胸前却有很大的一个盒子状的凸起，因为被衬衫掩盖，所以没人知道那是什么。他像旁人一样排着队，然后走到柜台前面递给营业员一张纸条。营业员看着眼前这个面容冷静的男人有些惊慌，因为纸条上写着要求银行拿出 25 万美元来，否则他胸前的炸弹就会爆炸。就在营业员手足无措的时候，这个男人说自己没有时间可以浪费，必须在 15 分钟内完成一切。营业员只好假装去拿钱，这个男人却显得非常轻松，甚至还拿起桌上的糖果吃了起来。不久之后，营业员告诉这个男人自己现在无法进入金库取钱，只能把柜台上放着的现金全部给他。然后,这个男人拿着钱,就像普通的取款人一样走出银行,上了一辆汽车。一位顾客目睹这一切，紧跟着他出了门，然后通知警方有劫匪。

这个男人并没有离开太远的距离，开了一小段之后便下了车。那位跟着他的顾客看见他从路边绿化带中的一块石头下面找出另一张纸条，然后迅速跑回车里。这次，没等这个男人离开，便有两名警察拦住了他的去路，宾夕法尼亚警局接到报警电话之后也迅速赶了过来。

在警方的询问下人们了解到，这个男人名叫布莱恩·威尔斯，现年46岁。当警察将其拉出车外的时候，这个男人胸前的装置也暴露在警察的眼前。他们唯一能确定的就是这个装置似乎是一个炸弹，至于威力多大，还有多长时间爆炸，这一切都无从得知。所以，警方一边把布莱恩铐了起来，一边打电话给当地的拆弹部队。在等待拆弹部队的同时，警方找来FBI银行抢劫案专家。因为他们搞不清楚这枚炸弹是真是假，布莱恩也不愿意提供更多信息，所以他们无法判断这是一起恐怖袭击还是单纯的银行抢劫失败。

FBI专家赶来之后，首先要做的同样是等待，因为不论事实如何，现在他们必须把炸弹当成是真的，否则布莱恩一旦进入人群后爆炸，后果将不堪设想。终于在确定警方不会放自己离开之后，布莱恩向警方和FBI专家讲述了一个非常离奇的故事。他说自己原本是伊利皮斯街米亚妈妈比萨店的一个店员，现在被迫加入一个恐怖的杀人游戏。起因是有个电话让他送两个比萨到皮斯街8631号，到了那里之后，一个陌生人绑架了他。这个陌生的男人拿着枪，把一个奇怪的装置挂在他的脖子上，然后命令他去抢劫银行。讲述完这些之后，布莱恩开始重复之前的话："我没有太多的时间，炸弹马上会爆炸，我没有撒谎。"

但警察和FBI探员难以相信这个人的故事，因为从始至终他都出奇地冷静，完全没有一个随时会被炸死的人应有的惊慌。从进入银行到现在，布莱恩的所有举动都和正常人无异，没有惊慌恐惧，行动也一直不急不缓，所以FBI探员能够得出的结论就是这个男人认为或者知道自己脖子上的炸弹是假的。就在拆弹部队即将到来的时候，这个男人要求警方打电话给他的老板，告诉老板他目前在什么地方。当电话打完之后，布莱恩胸前的装置突然响了起来。与此同时，这个叫布莱恩的男人脸上第一次出现惊慌的表情。这更加印证了 FBI 探员的判断，这个男人之前一直认为炸弹是假的，直到现在他才确认这枚炸弹是真的被激活了。

几秒钟之后，炸弹爆炸了，热浪向四周涌散，同时夹杂着爆炸之后的碎片。警察和 FBI 探员迅速跑到布莱恩身边时，他已经停止了呼吸。虽然炸弹已经爆炸，但警方依旧保持警戒，因为他们不能确定布莱恩的车子上是否还有炸弹，必须等待拆弹部队的到来。在拆弹部队清除掉周围的安全隐患之后才有时间去关注布莱恩脖子上的炸弹，事实上这个装置的设计非常疯狂，一旦安装之后根本无法拆卸，被害人只能眼睁睁地看着自己被炸死。

线索：为了弄清楚事情的真相，是不是真的存在一个像布莱恩所描述的那样危险的杀人游戏，FBI 探员开始了进一步的搜查工作。首先是布莱恩拿着的那柄奇怪的手杖，其实是一杆简易的自制猎枪。其次是 FBI 探员在车里发现了更加惊人的东西，那是一堆纸条，标题是“炸弹人质”，上面列清了布莱恩所需要做的一系列事情。纸条上的内容表示，唯一能够保证布莱恩安全的方法，就是完成一个非常复杂的寻宝游戏：先要去银行抢劫一笔钱，然后在四个不同的地方搜集线索，最后的奖励就是拆除掉他脖子上的装置的说明书。最恐怖的是，纸条上面清楚地写着：“less than 55 minutes YOU WILL DIE！”（“还有不到 55 分钟，你就会死掉。”）这也是布莱恩一直强调自己没有太多时间的原因。不过可能是因为他自己也对这个游戏的真实性持怀疑态度，所以一直不急不缓地进行着游戏任务。

案件本身和证据指向都非常奇怪，可以说 FBI 探员从来没有见过类似的案件，就目前来说，疑问要远远多于答案：罪犯是一个团体还是某个人？这是银行抢劫案，还是一个杀人案件？ FBI 犯罪心理行为分析专家被要求从中找出答案，从而得到嫌疑人的真正目的或者诉求。目前唯一可以确定的是，这不是一个人可以完成的犯罪。

在被炸死的前几分钟，布莱恩一直强调自己是被绑架并且被强迫去抢劫银行的，他是受害者。在没有更多线索的情况下，FBI 探员只能选择暂时相信布莱恩的话，而想要寻找更多的线索，最简单的方式就是根据那些纸条的指示，完成这个游戏。但是，在第 4 个地点时线索戛然而止，没有人知道如果布莱恩没有死的话，下一步应该怎么做。

调查：为此，FBI 联合反恐部队以及宾夕法尼亚警方成立了专案小组，他们所要解决的第一个问题就是：布莱恩 · 威尔斯是什么人？

布莱恩在高中的时候就辍学了，然后一直在比萨店工作，到现在已经有 30 年。最近 10 年，他一直在米亚妈妈比萨店做午餐的配送工作。他的生活状态非常简单，独自一人生活，而且朋友不多，乐于助人但沉默寡言。在认识他的人中间，没有人认为布莱恩会因为钱而去抢劫银行。更重要的是，他看起来并没有能力制造那么复杂的一个爆炸装置。事实上，单就他拿着猎枪这件事就已经让他的朋友们觉得非常奇怪，因为这个人并不喜欢暴力，也不喜欢枪。

为了得到更多的线索，专案小组搜查了布莱恩的住处。他们找到一个写满名字和数字的笔记本，上面标着肯 · 巴恩斯以及两个色情工作者杰西卡和安吉的名字。杰西卡和安吉两个人都是布莱恩的朋友，并且都因为从事色情交易而被逮捕过，这就意味着布莱恩也许还有鲜为人知的一面。那么，是杰西卡和安吉让他接触到犯罪分子的吗？新线索的发现给了案件新的调查方向，同时也给调查带来了更大的难度，因为这意味着布莱恩的社交范围突然被扩大了，需要调查的人也变得更多。

离开布莱恩的住处之后，专案小组又来到他工作的比萨店。他们需要确定一些事情，并打算查看一下有没有更多的线索。据老板回忆，8 月 28 日下午 1 点 30 分，确实有个订购两个大比萨的电话打进来。17 分钟之后，布莱恩就开车前去送比萨了。FBI 探员来到皮斯街 8631 号后，发现这里是一条前往电视信号发射塔的泥泞小路，也就是之前布莱恩讲述的自己被绑架的地方。现场的轮胎痕迹和脚印也证实了布莱恩的话，他确实来过这里，比萨店的订单信息则显示那是来自附近的一个加油站旁边的付费电话。

除此之外，还有一个自称是目击者的举报电话，声称在爆炸案发生之前，有两个非常可疑的男人一直在附近徘徊。调查人员把这两个可疑男人的画像在电视上进行了公布，但是案情并没有任何实质性进展。

于是，专案小组再一次把希望寄托在 FBI 犯罪心理行为分析专家身上，希望他们可以给出一些有用的建议。专家指出，布莱恩在进入银行之后，甚至可以冷静地排队，还吃了一颗糖果，感觉就像是在心情愉悦地参与一个角色扮演的游戏。这样来看，布莱恩的每一步行动应该有人监控才对。所以，这起银行抢劫案当中应该还有其他目的存在，但具体是什么，专家暂时还无法得知。对专案小组来说，最重要的是找到整个案件的幕后真相，弄清楚[redacted]掌控着这一切。

为了得到更多的线索，FBI 探员重[redacted]案发当时的项圈炸弹。整个炸弹是用无法追踪线索的家用产品组合而成，其中包括四个锁孔和一个由三组数字组合而成的拨号器，还有两个看起来有些年头的厨房计时器以及一些其他的东西，其中炸药则来自猎枪的子弹。炸弹专家表示，普通人要做一个这么复杂的爆炸装置基本上是不可能的，这看起来就像是个一辈子研究炸弹的人才能做出来的东西。此外，即便是完成了整个游戏，布莱恩也根本没有办法把炸弹拆除掉，也就是说，从一开始凶手就没有准备让被害人有活下去的机会。

时间一天天流逝，案情却没有任何进展，专案小组一直处在忙碌的调查状态。这时候，宾夕法尼亚警方接到了一个奇怪的电话，称在皮斯街 8645 号车库发现了一具冷藏的尸体，报案人名叫威廉·罗斯坦丁，他的房子就在布莱恩送比萨的地点附近。据调查，死者是威廉前女友的男朋友，而他的前女友名叫马乔里·迪尔·阿姆斯特朗。马乔里在当地警局很有“名气”，因为她涉嫌多起谋杀案。1984 年，她被指控枪杀了自己的男友，但是她提供了大量证据证明自己是正当防卫，最后法院撤销了所有的控诉。4 年之后，马乔里的新男友死在医院当中，死因是头部受伤导致大量出血，马乔里起诉了医院，并且获得了 25 万美元赔偿金。而现在威廉告诉警方马乔里再次杀死自己的男友，并且给了他 2000 美元要求他处理掉手枪和尸体。据说马乔里计划将尸体冷冻后肢解，然后运往全国各地丢弃，但是威廉觉得这个想法太恐怖，所以报了警。

警方很快找到被冷藏的尸体，意外的是尸体旁边还有一则表示自杀的“免责声明”，上面写[illegible]“这件事情和布莱恩案件无关”的字样。这让警察觉得非常奇怪，为[illegible]会突然出现这样一个“免责声明”呢？对此，威廉的解释是不希望媒体进行胡乱的猜测和报道。警方迅速联系 FBI 探员，并且在威廉的家里发现了一个可疑的东西—— 一些没有用过的猎枪的子弹壳，这与炸死布莱恩的炸弹中所使用的猎枪子弹非常相似。

这一发现立即引起专案组的注意。然而，威廉一直不肯正面回答任何问题，并且一直努力将自己置身事外。于是，FBI 探员开始怀疑威廉可能就是这一系列事件的主谋。FBI 行为分析专家认为，可以做出炸死布莱恩的爆炸装置的人，应该有很高的工艺美术水平。而威廉·罗斯坦丁恰恰非常符合这一推测：他是一所高校的兼职工艺美术老师，并且兼职做电工。除此之外，他还是国际象棋队的教练。他的性格分析结果和 FBI 专家之前得出的罪犯的性格分析结果非常接近，甚至可以说是吻合。得出这些结论之后，FBI 探员决定直接对威廉进行审问。可审问并没有得到 FBI 探员希望的结果，威廉一直顾左右而言他，并且称案发当天他有不在场证明，马乔里可以为他做证。

但马乔里拒绝为威廉做证，在此之前，她已经因为涉嫌杀害自己的男友而被捕，并且一直声称威廉应当因为布莱恩的死亡而被控告。FBI 探员决定就布莱恩一案对马乔里进行深入审问。但是，一位法官因为厌倦了马乔里经常破口大骂和各种古怪行为，所以命令她去州精神病医院做精神状态评估，而那家精神病医院拒绝了 FBI 探员的见面请求。

不久之后，威廉患病死亡，并且在死之前一直拒绝透露与本案相关的信息；而马乔里则因为杀人被判刑，FBI探员虽然可以接触到她，但她拒绝再提起任何与布莱恩相关的事情。案情再次陷入僵局，FBI探员需要一个突破口。

突破口出现了。罪犯制作炸弹时使用了一种家用锁，而FBI探员一直在对其进行调查，终于在一家锁店找到了线索。2003年6月，威廉曾经去这家店里寻找过一种锁，这种锁正是炸弹中所使用的那一类型。一段时间之后，马乔里说自己可以说出一些布莱恩案件的相关线索，但要求把自己转移到伊利附近的监狱当中。FBI探员同意了她的要求，然后再次对其进行讯问。在讯问中，马乔里称威廉就是布莱恩案件的主谋，她说出炸弹中所使用的厨房计时器，而这一点FBI探员一直没有对外公开过。同时，她杀掉自己男朋友的原因也是他威胁要把布莱恩一案的事情说出去。除此之外，马乔里还提到一个人的名字，这个人叫肯·巴恩斯。马乔里说，这个人知道她有一大笔钱，所以和他的一些同伙抢劫了她。这时候，FBI探员开始重新关注在布莱恩家里发现的笔记本上所记录的那个名字——肯·巴恩斯。

随后，一条意外的线索突然出现。因为电视上公开了布莱恩银行抢劫案的某些细节，一个快递员说在案发当天看到威廉和马乔里使用加油站旁边的公用电话，时间和比萨店接到订单的时间完全一致。2006年3月肯因为贩卖可卡因被捕，在审问的过程当中，布莱恩银行抢劫案的真相也随之大白于天下。

真相：马乔里计划杀掉她的父亲却不慎走漏了消息，她的父亲知道之后一怒之下取消了马乔里的继承权，所以马乔里找来肯，希望他可以帮忙杀掉自己的父亲。肯接受了马乔里的委托，但说他需要一大笔钱，所以马乔里就策划了这起荒唐的银行抢劫案。威廉制造炸弹，而马乔里和肯则策划了那个恐怖的寻宝游戏来混淆警方的视线。FBI调查显示，布莱恩并不是单纯的受害者，他也是案件的参与者之一，不过可悲的是在案发当天，他被自己的同伙出卖了。从布莱恩一直非常轻松的状态可以看出，他是知道详情的，唯一不知道的就是他的同伙决定真的炸死他。

最后，肯被判处有期徒刑45年，余生都会在联邦监狱服刑；而马乔里则被判处终身监禁。值得一提的是，直到所有的证据都摆在眼前，真相大白于天下的时候，马乔里依然声称自己是无辜的。但不论她如何狡辩，也无法改变陪审团的意见，真正的凶手终于得到法律的制裁。

犯罪心理分析

整个案件中最吸引眼球的大概就数那个恐怖的寻宝游戏了，其复杂程度令FBI探员都觉得不可思议。倒不是说整个过程的设定有多么高明、巧妙，而是如此繁复的步骤对一起成功的银行抢劫案来说是没有必要的。整个过程并不符合任何一类典型的银行抢劫案，反倒是关注于游戏的程度要更高一些。就拿布莱恩每次取的纸条来说，在专家看来，那不仅仅是关于下一步行动的指示，更像是一段漫长的施虐过程。在纸条当中，非常详细地写出每一步要求，如果单纯是为了指挥布莱恩应该做出什么样的行为就显得有些赘余，所以它所直接传达的就是游戏策划者的操控欲望。

这其实也非常符合马乔里·迪尔·阿姆斯特朗的性格特征：喜欢控制并玩弄别人，一旦被玩弄的人脱离自己的掌控，那么便要想方设法杀了他。而且对于杀人这件事，马乔里没有一丝愧疚和悔恨，甚至在证据确凿的情况下还能理直气壮地大喊自己是无辜的，这已经具备一些反社会属性的特征。在她看来，自己似乎可以随心所欲地剥夺他人的生命而不用付出任何代价。或许对马乔里来说，最痛苦的事情并不是被逮捕、被判刑，而是失去控制别人的机会，反而被别人所控制。判刑后不久，就有传闻说她因患有癌症，将不久于人世，这应该是对她打击最大的事情了，因为在这之前一直是她在随意掌控别人的生命，而此时她的生命开始脱离自己的掌控。

威廉·罗斯坦丁在这个犯罪四人组当中应该算是最特别的一个，或者说他本来不应该是一个罪犯。这样一个喜欢工艺美术、喜欢象棋，兼职电工的人，从这些综合情况来看，必然应该是一个具有严密的逻辑思维能力，并且动手能力极强的人。能用一些普通的家用产品做出连专家都觉得惊讶的精密炸弹，可想而知，这是一个非常有能力的人。当他知道自己得了癌症，将会不久于人世后，却依旧不肯泄露任何相关的信息，由这一点，我们也可以看出这个人有着自己的行事准则，姑且不去讨论这种原则的对与错。如果能将自己的才能用在正道上，威廉无疑会是一个不可多得的人才。可惜的是，这个人竟然参与到违法犯罪当中。从整个案件来看，策划者们自始至终就没有计划要帮助布莱恩取下脖子上的炸弹。对威廉来说，或许在他的设想当中，从来没有想过要让暴露在众人面前的知情者继续活下去。令人费解的是，不知道他为什么会把马乔里杀人的事情告诉警察，如果没有他的举报，警方根本不会那么快就查到他们的身上，甚至这起案件可能会成为又一个悬案。或许他参与到这起案件中是受到某些人的胁迫，也或许是他厌倦了这种生活，又或许是其他的因素，因为他生前一直不肯透露详细的信息，所以这一真相也将随着他的离世永远被掩埋起来。

肯·巴恩斯在这起案件当中看似是个关键人物，事实上不过是一个可有可无的角色，或许他的唯一作用就是找到布莱恩这个被出卖者。通过向色情工作者出卖毒品来赚钱，说明这个人本身就是一个没底线，也没什么能力的普通犯罪者，相对于其他几个人来说，几乎完全不值一提。

最后再说一下布莱恩·威尔斯，这个人是个典型的双面人。在人前，他是一个沉默寡言但乐于助人的比萨店员，虽然勤勤恳恳，但也很容易给人一种没什么理想，也没什么能力的感觉。谁知在人后，布莱恩却成为一个不折不扣的罪犯。事实上，他和肯不相上下，是个毫无亮点的罪犯，唯一强过对方的就是他可以在人前完美地掩饰自己。不过可悲的是，布莱恩识人不明，轻易地被同伙出卖，或许直到临死的时候，他才想明白整件事情的真相，只可惜为时已晚。

犯罪预防指南

第一，因为想要得到非法钱财而聚集在一起的人之间是没有任何信任和情义可讲的，因为其中的每个人都可能会随时背叛同伙。既然本就游离于法律之外，那么基本上就是谁的拳头大、谁就获益多。在这个利益团体中，所有人的目标都是让自己最大获益，他们不会存有哪怕一丁点儿的集体荣誉感。所以，不要妄图在一个非法团体当中为自己谋利，更不要和坏人谈什么义气，那样很可能会在法律的惩罚之前就早早地被自己的同伙所出卖。

第二，当一个人被歹徒绑上炸弹之后，一般来说，自己逃脱并自救的希望是基本没有的。类似的情况还有家人或朋友被绑架的案件，这时候唯一能做的就是尽可能地给警察提供更多的线索。很多人畏惧绑匪的恐吓，不仅不配合警方的调查，还会想方设法地迎合绑匪的要求。遗憾的是，绑匪本来就是匪，他们不讲人性、出尔反尔，满足要求后再撕票的例子比比皆是。所以，想要保证自己或家人的安全，唯一的办法就是协助警察尽快把犯罪分子一网打尽。而你所掌握的某个细节很有可能就是警察侦破案件的关键，不要把绑匪想得多么厉害、多么高明，真正聪明的人还需要通过低劣的违法手段来敛财吗？

第三，如果遇到银行或珠宝店抢劫案，这时最重要的不是勇敢地挺身而出，除非你有超人的能力，否则只会让事情变得更糟糕。在这样的案件中，最忌讳的就是惊慌失措、大声喊叫或到处乱跑，因为这样一定会引起歹徒的注意，不论歹徒是对你感兴趣还是产生厌恶，都只会增加你的危险系数。找到掩体保护好自己，尽量在劫匪不注意的情况下离开，然后尽可能地记住绑匪的一切特征，尽快报警并在警察到来之后提供自己知道的一切信息，这才是最可靠、最有效的办法。

犯罪心理档案

众目睽睽之下的绑架案

案发：2001 年 12 月 24 日，圣诞节前夕，在芝加哥市中心的长途汽车站里，21 岁的年轻妈妈玛塞拉·安德森带着两个大行李箱从一辆出租车上下来。沉重的行李箱已经使她非常疲惫，她还必须看好自己 3 岁的大女儿艾丽西亚以及 16 个月大的小女儿杰斯敏。不幸的是，玛塞拉刚好错过了上一班巴士，而下一班要等到晚上 10 点以后才能到。她和孩子们刚刚从圣路易斯回来，由于圣路易斯没有直达密尔沃基的航班，所以她不得不在芝加哥换乘长途巴士。这一次，他们本来准备一家四口一起出行，但孩子的爸爸临时有事取消了一同出行的计划，所以玛塞拉必须一个人带着行李并且照顾好两个孩子，这对年轻的妈妈来说是一个不小的考验。况且，长时间赶路的疲惫使这一切变得更加困难。

这时候，一个看起来像是流浪汉的高大黑人男子走了过来，向玛塞拉表示自己可以提供一些帮助，如搬运行李等。玛塞拉对突如其来的帮助怀有很深的戒备，自己一个年轻妈妈孤身带着两个孩子，尤其是对方看起来像是一个落魄的流浪汉，这让她很不安。可毕竟天色已晚，两个孩子都十分疲惫，想要抱着两个孩子再带着行李，对玛塞拉来说几乎是不可能完成的。于是，她犹豫了一下，最终接受了这个男子的帮助，把行李交给他。

不论在哪个国家，过节时的车站似乎永远都是人头攒动、拥挤不堪的，玛塞拉和男子挤过人群来到售票处排队。这时，玛塞拉注意到一个金发女子正在车站前徘徊，当她看到杰斯敏时突然眼前一亮，并且走上前来试着和玛塞拉交谈，其间还不停地夸赞她的两个孩子长得漂亮，尤其是杰斯敏。随后，这名女子便离开了，玛塞拉并没有多加留意，只当对方是因为喜欢小孩才上前搭讪。半个小时过去了，巴士还没有来，艾丽西亚已经困了，得不到休息的她变得焦躁不安，一直试图挣脱妈妈的手，开始哭闹起来，再加上怀中的杰斯敏也渐渐烦躁起来，疲惫不堪的玛塞拉此时简直手忙脚乱，力不从心。

就在这时，先前搭讪的那名女子又走了过来，先自报家门说自己名叫克里斯汀，然后询问玛塞拉是否要去密尔沃基。得到玛塞拉肯定的回答之后，克里斯汀告诉玛塞拉她家也在密尔沃基，今天上大学的女儿要放假回家过节，如果不介意的话，玛塞拉可以搭上她的顺风车。虽然疲惫不堪，但玛塞拉依然心存警惕，她知道自己的情况比较特殊，一旦遇到意外完全没有抵抗之力，所以婉言谢绝了这个提议。

前往密尔沃基的长途汽车似乎遇到了什么事情，迟迟没有进站，时间越来越晚，两个孩子闹得也越来越厉害。这时候，克里斯汀又一次出现在玛塞拉眼前，她开始劝说玛塞拉乘坐自己的车子一起走，因为巴士显然要慢得多，而且车上也很乱，两个早已困得不行的孩子在车上明显会很不舒服的。克里斯汀说自己也有孩子，十分明白带孩子的辛苦，这让两个人的距离拉近了很多。为了孩子考虑，玛塞拉最终接受了克里斯汀的邀请，但她需要把之前购买的车票退掉。可是杰斯敏一直在乱动，玛塞拉另一只手还要拉住艾丽西亚，根本腾不出手来办理退票手续。一旁的克里斯汀提出可以帮玛塞拉抱住杰斯敏，已经对克里斯汀没有多少戒心的她很乐意地把孩子递了过去。其间玛塞拉不断回头看克里斯汀，对方正温柔地哄着杰斯敏。但当玛塞拉在退票单上签名的时候，克里斯汀却突然抱着孩子往外走去。玛塞拉大声地喊她，但对方回答必须立刻去接自己的女儿，马上就回来。等玛塞拉跟上去的时候，克里斯汀已经抱着杰斯敏不见了踪影，孩子就这样在众目睽睽之下弄丢了。

报警：急促的电话声在芝加哥警局响起，这声音就如同上课铃声一样，只要一响起，所有人都必须放下手头的事情走上工作岗位，即便今天是平安夜，很多警员都在家里和家人一起准备欢度圣诞。

但是想要找到孩子是十分困难的，警方只得到了有限的线索，金发、蓝眼睛、白人女子。现场没有监控，想找到目击者也相当困难，在拥挤的车站里，没有人会注意到一个抱着孩子离开的女人，即便看到也不会多加关注。于是，调查一圈下来，警方只能把重点放在那个看起来像是流浪汉的搬运工身上。在他这里，警察得到了更多的线索：这个白人女人会讲西班牙语，年龄 35 岁到 40 岁，身高 1.58 米到 1.64 米，最重要的是这个女人的脖子上有一个很大的文身，是一串字母，大概是“克里斯汀”或“克里斯汀娜”之类的字样。

脖子上有文身的金发白人女子是一个非常明显的特征，这大大地缩小了警方搜索的范围。但是，警方几乎把整个车站以及车站周边翻了个遍，依旧没有任何有关金发女子或杰斯敏有价值的线索。此时，破案的难度在急速地增加，在儿童绑架案中，如果没有第一时间在案发地点找到孩子或有力的线索，那么一切勘查工作都必须重新开始。这里是长途汽车站，犯罪嫌疑人此时很有可能逃向任何一个地方，这已经不是地方警局能够解决的问题。于是，芝加哥警局向 FBI 发出求助，毕竟 FBI 在各州都设有分支机构，有着最齐全的信息网络和资料库。

搜寻：案件回到了原点，此刻，人们已经不能确定杰斯敏是否还和那名有文身的白人女子在一起，甚至不能确定孩子是否还在伊利诺伊州境内，这使搜寻行动变得异常困难起来。即便是 FBI，想在全美展开拉网式搜寻也几乎是不可能的，他们需要采取一些措施，把消息透露给媒体，让更多的民众来帮忙。

在搜寻杰斯敏的同时，FBI 探员还需要确定这名白人女子绑架杰斯敏的动机。她只是一名单纯的人贩子吗？这个推断似乎不太靠谱，因为这个绑匪似乎太有耐心了，整个汽车站来往的人非常多，带孩子的单身母亲也不在少数，她怎么会花费那么多时间和精力就为了抱走玛塞拉的孩子呢？那么，这是针对杰斯敏的绑架案吗？此外，FBI 注意到另一个细节，那就是本该一起出行的孩子父亲突然临时取消了行程，这和孩子的丢失有着必然的联系吗？面对 FBI 探员的调查，孩子的父亲显得极不配合，不愿接受任何来自警方和 FBI 探员的询问。后来，在家人的劝说之下，这个父亲才肯开口，他说自己一看到别人那种怀疑的眼光就会异常抗拒，大概任何一个父亲在被人怀疑绑架自己的孩子时，都会无法控制自己的愤怒。既然绑架和孩子的父亲没有什么关系，那么就只剩下最后一个猜测了——这名女子需要一个和杰斯敏差不多大的混血孩子去做些什么，如冒充某个人的孩子之类的事情。

脖子上有文身的女人：一切线索都被掐断之后，FBI 探员再次把目标集中在那个车站的流浪汉身上。很明显那是一个无家可归的人，只能靠帮别人搬运行李来得到一些钱维持生存，那么他会不会为了钱而帮助金发女子绑架杰斯敏呢？这名流浪汉顺利地通过了测谎检验，并且不断地强调那个女人的脖子上有着文身。此时，找到脖子上有文身的金发女子成了唯一的线索，为此，玛塞拉在电视上做了一个简短的公开讲话，她希望孩子能够回到自己的身边，并且很快泣不成声。新闻一经播出，来自各州的电话打爆了警局和 FBI 行动小组的临时办事处，俄勒冈州、亚利桑那州……甚至更远的地方，FBI 探员要做的就是从这数百个电话当中找到有用的线索。

一个举报电话称，不久前，其在芝加哥边境的一辆巴士上遇到过一个金发的女子，这名女子对孩子十分感兴趣，并且试图带一个小男孩下车，不过立刻被小男孩的母亲阻止了，但遗憾的是，没有人记得关于这个女子的其他线索。另一个举报电话说在芝加哥的一家药店有一个脖子上有文身的女工作人员，但 FBI 探员在调查之后发现这个女子有着充分的不在场证明，嫌疑也很快被排除了。还有一个出租车司机说自己见过一个脖子上有文身的女人，她经常出现在芝加哥城市大学附近，但是 FBI 探员并没有找到这名女子。

犯罪心理学家曾经得出这样的结论：在最初的 24 小时之内，孩子一般是安全的；一旦超出 24 小时，那么孩子生还的可能性就会变得微乎其微。这组冰冷的数据就像是一把利剑悬在所有人的头顶上，为了保证杰斯敏的生命安全，他们必须尽快找到孩子。可怜的玛塞拉每天都要接受接连不断的采访，一次一次地叙述事情的经过，虽然此时她的大脑里几乎一片空白，甚至已经失去时间的概念。

芝加哥警局及芝加哥 FBI 分部发动了所有警力包括正在休假的工作人员一起参与搜寻行动，每个人都在疯狂地工作，每个人都想尽快找到这个仅仅 16 个月大的小女孩。但是，地毯式搜索并没有给玛塞拉和调查人员带来丝毫惊喜，那名白人女子和杰斯敏依旧不见踪迹。

雪拉·马修：就在所有人都在拼命寻找线索的时候，一个女子来到芝加哥警局，她带着一张照片，照片上的孩子和杰斯敏惊人地相似。这名女子自称帕翠莎·哈里斯，她告诉 FBI 探员自己的儿子在不久前曾经因为吸毒被拘留，假释时，儿子和女友雪拉·马修一起来她家，并且带来了自己的孙女。之前，她从来不知道有这个孙女的存在，并且从一开始就觉得整件事情非常蹊跷。

帕翠莎的儿子和雪拉回到家时并没有带着孩子，雪拉说孩子由自己的母亲照看着，圣诞节的时候她会赶过来。而且帕翠莎还了解到自己的儿子也没有见过他的女儿，只是觉得孩子应该是在自己服刑期间生出来的。2001 年 12 月 24 日晚上，帕翠莎一家开车来到芝加哥市中心汽车站后，事情变得更加异常。雪拉离开车子很长时间后，突然抱着一个孩子跑了出来，上车后不断催促帕翠莎赶紧开车。面对男友和其母亲的疑惑，雪拉回答说自己的前夫在后面追她。这让帕翠莎觉得非常疑惑，雪拉不仅没有见到她的母亲，还很巧合地碰到了前夫，这也太不寻常了，况且孩子的身边没有任何装有孩子日用品的包裹，而且这个孩子也和之前雪拉拿来的照片长相有所不同。但有了孙女的喜悦让帕翠莎暂时放了心中的疑惑，开车回到家里。

回家之后，雪拉的举止就更加奇怪了，她立刻把孩子崭新的外套脱下来扔进垃圾桶，而且非常不愿意给孩子拍照，虽然这是帕翠莎家的传统，不过最后照片还是拍了下来。随后，雪拉和自己的儿子便决定离开，回到他们在西弗吉尼亚的家中。等他们离开之后，帕翠莎才看到新闻，然后拿着孙女的照片来到芝加哥警局。

在帕翠莎的描述中，FBI 探员发现了非常重要的线索：雪拉的脖子上有文身。帕翠莎还带来了雪拉丢掉的孩子的外套以及他们的全家照，并且提供了雪拉在西弗吉尼亚的住址。

得到所有信息之后，FBI 探员一边前往西弗吉尼亚，一边通知玛塞拉前来辨认嫌疑人。在混在一起的一堆照片中，玛塞拉迅速辨认出雪拉·马修，并指出她就是抱走自己孩子的人。令所有人感到欣慰的是，照片中的杰斯敏看起来状态很不错，并没有受到虐待的迹象。

一切都在向好的方向发展，但是 FBI 探员依旧不敢放松，因为他们还没有解救出孩子，而且雪拉·马修的背景也让人颇为不放心，这并不是她第一次偷别人的孩子。1987 年，雪拉曾经在华盛顿偷走一个孩子，然后告诉自己的前男友这就是他们的孩子，并且要求他提供孩子的抚养费用。直到警察找来之前，那个男人一直以为孩子就是自己和雪拉所生的。

雪拉不是第一次绑架孩子，而他的男友又有着贩卖毒品的经历，这些都给 FBI 探员的解救行动带来了麻烦——万一他们把孩子当成人质，就很可能出现无法挽回的局面。万幸的是，雪拉的男朋友并不知道孩子是偷来的，FBI 探员顺利地解救出杰斯敏。而雪拉·马修则因为绑架儿童罪被判处有期徒刑 12 年。

后续：玛塞拉在杰斯敏懂事之后，告诉她这段小时候的奇特经历，并给她起了一个小名叫 Lucky Girl（幸运女孩）。她在感谢那些帮助找回孩子的热心人的同时，也更加注重起孩子的安全问题。

犯罪心理分析

不得不说 2001 年的平安夜对雪拉·马修来说是十分幸运的一天，但是她的幸运建立在玛塞拉的不幸之上。

从前文来看，雪拉对于绑架孩子是早有准备的，如她选择平安夜行动，这一天很多人都赶回家准备过节，带孩子的自然不在少数。但是对雪拉来说，她需要的必须是一个混血孩子，因为她是白人，而他的男友则是黑人。或许她已经做好谎称自己的母亲没赶上巴士来欺骗帕翠莎的准备，但她确实够幸运，疲惫不堪的玛塞拉很快进入她的视线——带着两个孩子，独自一人出行，这一切都为雪拉的绑架计划提供了便利。

而且，雪拉绑架孩子的动机也显而易见，用孩子来向前男友或男友索要抚养费用，再进一步推断她的男友大概都是类似帕翠莎的儿子一样的状态，这样就可以为孩子的“出生”提供必要的空白时间。她成功的关键基于人们的一个缺点，那就是过于轻信别人以及被欺骗者本身有问题。试想一下，如果换成一个遵纪守法又有正常工作的男人，她是无论如何都欺骗不了对方的。如果不是帕翠莎的儿子自己犯法后被关进监狱，就不会有那么长的空白期，同样不会让她有机会偷别人的孩子来进行欺骗。

但是，以雪拉的欺骗频率其实并不足以获得太多的金钱，相对于所需要承担的风险来说也是很不划算的。那么，她为什么还要这么热衷于绑架别人的孩子呢？卷宗里的资料显示，雪拉自己有过两个孩子，却没有提及更多关于两个孩子的信息，或许可以推断是因为自己的孩子出了意外，又或者因为孩子的事情受过刺激，使得雪拉的精神状态存在一定的问题，所以才非常执着地偷别人的孩子来冒充自己的孩子。就像印度神话传说中的“九子鬼母”一样，因为在赶路的途中流产，而同行者皆弃之不顾，所以就疯狂地偷窃别人的孩子来报复。

或者是因为雪拉与现在男友的感情出现了危机，她急需一个孩子来挽回他们之间的感情。毕竟对一个男人来说，即便他不爱这个女人了，也极有可能因为自己的孩子而继续和她在一起。

FBI 探员根据手中的线索做出了数种分析，但都随着雪拉·马修的入狱而尘封在档案中。罪犯已经认罪，FBI 探员所要做的只是当类似的案件发生时以此为鉴，更快、更妥善地加以处理和解决。

犯罪预防指南

第一，警惕陌生场合中的“自来熟”。一个女人站在车站里，如果一个男人来夸她长得漂亮，那么她可能会觉得这个男人居心不良；如果是一个女人过来夸她漂亮，那么她可能会觉得对方是个神经病。但不管是男人还是女人，只要这个人走过来夸赞自己的孩子，那么即便嘴上再矜持，她的心里其实也早就乐开了花。望子成龙、望女成凤几乎是全世界家长的共同心愿，夸他们的孩子往往要比夸他们自己更加令人开心，而一些人就是抓住这一点来获取对方的好感或套取信息。所以，一旦遇到那些在陌生场合突然过来夸我们或孩子的人，一定要留有七分警惕，正所谓“无事献殷勤，非奸即盗”，防人之心不可无。

第二，“同病”不一定“相怜”。最容易引起共鸣的往往不是共同话题多、兴趣相仿的人，而是与你遭遇同样困境的人。当一个人陷入困境的时候，如果有个人过来说自己也遇到过同样的情况，那么他们很快就会相谈甚欢，聊得就像多年不见的老友一样。殊不知，这位看似“老友”的人其实很可能正在筹划着什么阴谋，而帮助其达成目的的就是正在大倒苦水的你。在陌生的场合，如果有人对着我们大说特说，称他（她）可以理解我们的窘困，我们一定要保持足够的警惕。正是因为对方了解我们的窘困，才能摸清我们的弱点，伺机下手。

第三，面相不等于心相。当一个满脸横肉的大汉站在你面前的时候，你多半会暗忖这是一个头脑简单、四肢发达的笨蛋；而当一个戴着方框眼镜、背着书包的青年走过来的时候，你又多半会认为这是一个单纯的学生，是个斯文的人。虽然说“相由心生”，但一般人并不能通过面相看出心相，所以不要因为感官带来的好感而模糊了理智的判断。玛塞拉在遇到流浪汉的时候，内心的警惕性是非常高的，即便是自己真的需要帮助，她也只是让那个男人帮她提行李，而对于自己的孩子，她是绝对不会让那个流浪汉碰的。但是雪拉就不同了，她是个女人，有着漂亮的金发，而且同样是带过孩子的妈妈，这就使得玛塞拉的警惕性降到最低，不幸也正由此发生。正所谓“知人知面不知心”，如果有一个外表给人感觉不错的人跑过来称与你同病相怜，千万不要放松警惕，反而必须提高警惕性。不要以为自己真的有那么大的魅力能吸引陌生人主动过来倾诉衷肠，对方为什么会做出这样的行为，一定会有其不愿示人的原因。

第四，带孩子出行务必慎之又慎。不论是一个人还是几个人，不论是人多还是人少，不论是白天还是晚上，只要身边带着孩子，都必须保持足够的警惕。毕竟小孩子的自我保护意识薄弱，而对一个粗心的大人来说，偷走孩子甚至会比偷走钱包更加容易。

犯罪心理档案

偏执狂

案发：1995年9月17日，在美国密西西比州的格尔夫波特市，一对夫妇打通了911报警电话，语无伦次，显得异常慌乱。他们说自己在昨天晚上之前还见过女儿和外孙，但现在他们都不见了。警方迅速前往报案电话中所说的地点。

失踪者名叫谢尔丽·散特比，同时失踪的还有她6岁的儿子。卧室的门有被强行打开的痕迹，看起来似乎是一起入室抢劫案，但那对报案的老夫妇有着不同的意见。谢尔丽·散特比和她的丈夫马里奥·散特比感情不和，马里奥甚至多次对谢尔丽施暴，所以谢尔丽禁止马里奥接近自己和儿子。有邻居证明昨天晚上看到马里奥来到谢尔丽的屋子前，似乎还带着枪。所以，警方迅速把目标转移到第一嫌疑人马里奥身上。

地方警局无论从技术上、装备上还是信息来源上都和FBI存在着很大的差距，为了尽快找回谢尔丽母子，最大限度地保证他们的安全，这起解救谢尔丽母子的案件交由FBI来主导。

在听取地方警局搜集的线索之后，FBI探员开始调查马里奥的情况。他是一名消防员，接受过潜水营救训练，而且在工作中表现非常突出。同时，他酷爱野外求生活动，掌握了非常好的户外营救技能。

在同事和受过他帮助的人看来，他是一个无所不能的英雄。这样一个人会对自己的妻子施暴，并且绑架自己的妻子和孩子吗？

事实上，这只是工作中的马里奥，生活之中的马里奥则又是另一番模样。FBI 犯罪档案管理处派出一位行为分析专家来分析马里奥可能犯罪的原因，简单明了的调查结果却令人大吃一惊：马里奥在消防队的工作已经因为一起入室行窃案件而失去，而且他拥有手枪和步枪。这个人可能有着长期对自己妻子和孩子施暴的行为，并且坚信妻子有了外遇。对此，不堪忍受的谢尔丽向法庭提起诉讼，并且找来了律师，希望可以和马里奥离婚。而就在提起诉讼的当天晚上，也就是 1995 年 9 月 16 日，马里奥突然闯进谢尔丽的家中，强行带走了她和孩子。他坚称谢尔丽背叛了自己，并且自己依旧深爱着妻子和孩子。

自从马里奥绑架自己的妻子和儿子之后，一家三口就消失在所有人的视野里，FBI 探员虽然展开了搜寻，但还是没有得到什么有用的线索。1995 年 9 月 20 日，这一天是马里奥入室行窃案公开审理的日子，本来警方和 FBI 探员都认为他不可能出庭受审，但事实出乎意料，他竟然来了，于是 FBI 探员逮捕了他。在询问他的妻子和孩子在哪里的时候，马里奥没有丝毫的犹豫和隐瞒，称他们就在一处加油站等他。警方很快在附近一处加油站的停车场里找到了谢尔丽和她的儿子，谢尔丽的脸上有着严重的瘀青。

起初，谢尔丽什么都不愿意说，只是紧紧地抱着自己的儿子。随着情绪慢慢地平静下来，谢尔丽才向 FBI 道出了他们这几天的经历。

对谢尔丽和她的儿子来说，被绑架的这三天是一场异常恐怖的旅行，他们横跨了密西西比州、路易斯安那州以及得克萨斯州。在路上，马里奥时不时地在儿子面前对谢尔丽使用暴力，并且强迫她找到她的离婚律师，撤销之前的离婚申请。FBI 探员根据上述情况和之前的绑架对马里奥提起诉讼，但马里奥拒不认罪，他认为自己没有错，只是想要回去和家人团聚而已。FBI 行为分析专家据此得出结论，马里奥并不是在掩饰自己的罪行，而是真的不认为自己的行为已经触犯了法律。而这三天的经历在马里奥看来，也只是一次再平常不过的家庭旅行，他并没有绑架，也没有逃跑。

马里奥的第一次机会：显然，马里奥的说辞不可能得到陪审团的同意。法庭最终以入室盗窃、绑架以及故意伤害罪判处马里奥有期徒刑 40 年，并把他发配到密西西比辖区内的一座监狱里。

FBI 犯罪心理专家认为马里奥是一个做事专注的人，他会将一切事情考虑得极为周密。当这样的一个人开始犯罪时，绝对是一件令人毛骨悚然的事情。

越狱：在入狱两年之后，马里奥找到了越狱的机会。和他同一监狱有一个叫格兰白力的 19 岁男孩，他的罪名是行窃，但是还没有被最终审判。马里奥说服格兰白力和他的律师，将自己列入其案件的目击证人，这样在格兰白力接受审判时，马里奥就可以一同随行离开监狱。讽刺的是，格兰白力犯案时，马里奥早已被关入监狱两年之久，又怎么会是其案件的目击证人？但没有人注意到这一事实。

1998 年 6 月 25 日，马里奥和格兰白力被带出监狱去法庭受审。悲剧总是在无数小细节被忽视的前提下发生。押送他们的执行官对格兰白力非常熟悉，认为这是一个模范犯人，之前曾有过类似的经历，格兰白力被打开手铐却没有试图逃跑，所以他毫不犹豫地打开了格兰白力的手铐。遗憾的是，这名执行官虽然不认识马里奥，但还是单纯地认为两个人既然是在一起的，那么就可以同等对待，所以马里奥的手铐也被打开了，即便车前座的后面并没有安装护栏。不得不说，这名执行官自信得有点过头了，这一次疏忽使他跌入深渊。

在行驶到一处加油站时，这名执行官甚至允许马里奥和格兰白力进入加油站的商店。当他们回到车里之后，两人向执行官发起突然袭击，执行官的枪被马里奥夺走，而他的助手则没有携带任何武器，就这样执行官和他的助手被绑架了。马里奥和格兰白力将二人用手铐铐住，丢在一处偏僻农场的废弃小屋里。直到第二天他们才被人发现，而此时的马里奥和格兰白力早就带着执行官的枪逃到了几百千米之外。

追踪：在马里奥和格兰白力逃跑的过程中，一位下班回家的警队队长拦住了他们。这名警队队长看到一辆不属于自己辖区的巡逻车在路上行驶，而且这辆巡逻车明显应该经过修理才能再次执行公务，所以他逼停了该辆巡逻车。但就在他下车打算检查时，这辆被逼停的巡逻车里突然有人对他开枪，这名队长迅速绕到车的后面。随后，这辆巡逻车竟然试图倒车撞倒他，这使警队队长非常生气，并且开枪自卫，马里奥和格兰白力再次驾车逃之夭夭。

在亚拉巴马州，马里奥和格兰白力又一次被巡逻的交通警察拦住，因为他们接到信息说有两名逃犯正在向他们的方向前进。当另一名交通警察赶到时，马里奥已经开枪打死拦住他的警察，并且逃入森林。

马里奥开枪打死警察的举动彻底激怒了 FBI，他们调集整个州的探员和特警开始搜捕马里奥。但这并没有减轻搜索人员的压力，马里奥是一个非常擅长野外生存的人，而且他能够熟练地使用抢来的步枪和手枪。幸好 FBI 探员一早判断出马里奥的越狱意图——教训甚至杀死导致自己被判刑的妻子谢尔丽，所以这对可怜的母子被提前转移到安全的地方。

经过几天的搜捕，格兰白力再次被捕，却没有了马里奥的踪影。格兰白力告诉 FBI 探员，马里奥会使用松叶擦拭身体以掩盖气味，避开警犬的追踪，同时也会在小溪和河里行走，这样就不会留下痕迹。最终，马里奥还是从 FBI 探员的重重包围中逃了出去。不得不说，森林给了他巨大的优势，他要比警察和探员更熟悉这里。虽然 FBI 探员无法抓到马里奥，但马里奥也同样无法达到自己的目的——找到谢尔丽。所以，他闯入一户人家寻找自己所需要的东西，并且挟持一个名叫亚历山大的男子，胁迫其开车载自己去寻找谢尔丽。

被挟持的亚历山大并没有放弃抵抗，他一直在寻找逃离的机会。在密西西比州边界的一处加油站旁，亚历山大谎称自己开了一夜的车，需要休息一下。在征得马里奥的同意之后，他假装躺在驾驶座上睡着了。马里奥趁亚历山大睡着的时候，离开车子去上厕所，而马里奥一离开车子，假装睡觉的亚历山大就迅速发动汽车离开了。失去代步工具的马里奥试图寻求其他人的帮助，后来，他找到了一个西班牙家庭，希望他们载他一程，因为他会说流利的西班牙语。就在搭车时，加油站的一个巡警认出了他，并且报告了 FBI。FBI 探员在公路上逼停马里奥搭乘的货车，并迅速抓捕了他。

马里奥的第二次机会：之前的罪名，再加上越狱、杀死执法人员以及故意伤害罪，这一次马里奥至少会被判处终身监禁，但也有被判处死刑的可能，马里奥并不甘心就这样放弃自己的目的。

再次越狱：就在马里奥入狱后不久，他竟然再次神奇地越狱了。一天，狱警在检查监狱时，突然发现马里奥的房间是空的，于是迅速拉响警报，整个监狱开始了大搜捕。事实证明，此时的马里奥已经逃出监狱，同时消失的还有一个本应正在上班的女狱警。FBI 探员在又一次接到监狱方面的求助后不得不再次展开追捕。有了上一次的经验，这次马里奥的准备势必更加充分，也更加狡猾。

FBI 探员的调查显示，马里奥俘获了那位女狱警的芳心，在她的协助之下成功越狱。面对 FBI 探员的审讯，这名女狱警不得不透露出一个细节——马里奥说他在亚特兰大有一个朋友，那个朋友会为他制作假的身份证。一旦马里奥得到假的身份证，那么他的行动将更加顺利，如他可以乘坐火车和飞机而不被发现。

FBI 探员投入更大的精力和资源去搜寻马里奥的位置，这时传来的一个消息让大家的精神为之一振。马里奥或许真的喜欢上这名女狱警，他经常给这名女狱警写信，而 FBI 探员则可以通过寄信的地址来判断马里奥的位置。就在搜捕行动紧锣密鼓地展开时，一个意外的惊喜出现了：马里奥在寄给这名女狱警的一封信中和盘托出自己的计划，包括怎么去亚特兰大，然后怎么回到密西西比并且找到妻子谢尔丽等信息。就这样，搜捕人员迅速掌握了马里奥的动向。

在一处加油站里，一个FBI探员假装自己的车子出了故障，需要修理，拖住马里奥所乘坐车子的司机，并打电话通知了搜捕队伍，毕竟马里奥的屡次逃脱让FBI不敢有丝毫大意。最终，直到搜捕队员的枪指在头上时，马里奥才发现FBI探员的到来。于是，他放弃抵抗再次被捕，却告诉FBI探员宁愿对方打死自己，他也不想再次回到监狱里。

这一次，马里奥被安排在密西西比州立监狱，并且调走了其周围的所有女性工作人员。同时,他也放弃回到亚拉巴马州受审的权利（美国各州之间享有独立的立法权和审判权，马里奥是亚拉巴马州人，有权利要求回到亚拉巴马州接受审判）。2005年4月28日，马里奥被判处死刑。在走出法庭的那一刻，面对记者的提问，马里奥很坦然地说："我得到了死刑，死刑。"而他的妻子谢尔丽则终于摆脱了十几年的噩梦，不必时刻担心马里奥会突然出现在自己的面前，可以从此毫无负担地生活下去。

犯罪心理分析

首先，马里奥不能算是个完全的坏人，至少在他自己看来，他不是一个坏人，虽然他对自己的妻子和孩子屡次施暴，并且两次越狱，还杀了人。我们可以将马里奥定性为偏执狂，这个人不是为了某种欲望而在明知道是犯罪的情况下犯罪，甚至在越狱之前他从来不认为自己是在犯罪。他的本意似乎也并不是想要伤害谁，只是希望一切能够按自己所想的方向发展。

很久以前有一部电视剧叫《不要和陌生人说话》，其中的男主人公就是一个极度偏执的人，只要自己的妻子和任何一个男人说话，就会认为妻子对自己不忠，然后对妻子暴力相向，马里奥就是这样一个人。马里奥的妻子或许真的出轨了，但这个出轨现象很可能被他自己无限地放大。在最后的审判中，马里奥丝毫没有流露出对妻子使用暴力的内疚，他始终认为那是理所当然的。

在审判当中，他还为自己的行为申辩，大意是："她给我戴了那么多的绿帽子，我恨不得杀了她！"从这句供词就可以看出他的偏执程度之深。偏执的人总会把自己认为的事情无限制地放大，正如家长会在孩子一次没考好之后就批评孩子的成绩一直不好，恋人则会认为自己的情人是天下最完美的，而仇人之间则认为对方无论做什么事情都是在准备暗害自己。在他们眼中，理智和道理都是不需要的，自己的所思所想才是最正确、最不容置疑的。

所以，马里奥坚持认为妻子不止一次，并且不止和一个男人出过轨，这多半是出于他自己的想象，但极度偏执的他将这些当成事实。因此，他才能在对妻子屡次施暴的时候如此心安理得。

其次，马里奥是一个极为专注，并且不愿意有任何延误的人，这是 FBI 专家做出的判断。在他想要做某件事的时候，不会被任何东西所阻碍，道德不行，法律不行，甚至连 FBI 和监狱都不行。而在他做事的过程中，一切行为都被他自己莫名其妙地合法化，他不会认为那是错的。

在强行带走自己的妻子和孩子的时候，他真的不认为那属于绑架，所以在应当出庭接受审判的时候，他竟然堂而皇之地回来了。他会主动接受审判，说明他知道行窃是一件错误的事情，而既然他肯回来，一个因素是他准备洗脱自己的罪名，另一个则是他准备好接受对自己的惩罚。无论他回来的原因是什么，都可以证明他有着一定的对错观念，却依然对带走妻子和孩子一事没有丝毫愧疚。

也正是因此，他在FBI探员询问自己妻子和孩子在哪里的时候没有丝毫犹豫地告诉他们地点。而后来他之所以拒绝认罪，也是因为他真的不认为自己犯了罪，不认为自己的行为是绑架。此外，在逃亡的过程中，其实以他的能力如果要专心逃亡，FBI绝对需要付出至少几倍的代价才能够抓到他，但是他执着于找自己的妻子谢尔丽算账，所以即便是越狱再多次，只要FBI探员在他的目的地蹲点抓捕，他就无处可逃，甚至导致他两次越狱的原因就是他一心想要报复自己的妻子。如果他真的报复成功，或许之后就会安心地待在监狱，直到他再次有想要出去做的事情。

再次，马里奥的极度偏执和专注使他有了一定的反社会属性。在面对关于杀死警察的审问时，他表现得非常淡然且直言不讳：“我只是不希望有任何因素耽误我的时间。”在他的眼中，只要耽误自己的事情，那么杀人也不是一件大不了的事情，这无疑是一种很恐怖的心理。或许有人会觉得很多犯罪分子在自己的事情受阻的时候都会毫不犹豫地杀人，但性质还是有所不同的。他们杀人有的是因为害怕，有的是自恃不会被警察发现，还有的出于其他的原因，但无论是哪种原因，他们都知道杀人是不对的，是违法的。但从马里奥的态度分析，杀人就好比一个人走在小路上，发现有杂物挡住去路，所以一脚踢开一样的自然。即便如此，从最开始他没有杀掉押运他的执行官来看，他的情况并不算特别严重，和变态杀人狂之间还是存在区别的。

最后，马里奥有一定的人格魅力，竟然能以服刑之身俘获一位女狱警的芳心，以至于第二次抓捕他归案的时候竟然调走所有的女性工作人员。同时，马里奥也是一个比较孤独的人，否则很难成为一个偏执狂。这从他在逃亡的途中还不停地给自己喜欢上的那名女狱警写信，甚至最后将自己的计划和盘托出就可以看出来，他需要有人分享，哪怕会因此而泄露自己的行踪。

犯罪预防指南

永远记住，如果没有能力应对偏执狂，那就一定要远离偏执狂。擦亮自己的眼睛，尽早识别出身边具有病态心理的人，并且远离他，不给犯罪分子以可乘之机。

对预防犯罪来说，除普通民众提高自我防护意识，国家机关使用法律手段震慑想要犯罪的人之外，还需要有更多的方式和方法。如本案中的马里奥，再如一些变态杀人狂和连环杀人犯，对他们来说，法律和防暴机关的介入有时候反而会让他们更兴奋。所以，想要预防这样的犯罪其实是很困难的，最好能从萌芽之初就将其解决掉，但无疑这几乎不具有可操作性和可行性。譬如在马里奥第一次入狱的时候，或许就已经具有严重的犯罪倾向，但执法机关也只是让其服刑，仅此而已。法院不可能因为有犯罪倾向就判一个人有罪，毕竟他还没有实际行动。只采取一定程度的心理辅导，似乎也不是很现实，因为在事情发生之前，一切都只能算是猜测。比如，某个人具有暴力倾向，经常破坏东西，那么这个人一旦和别人发生口角就很可能会伤人甚至杀人，但在这些事情发生之前，警察却并不能以此为理由强制关押这个人或要求这个人接受相应的心理辅导。

目前来看，只能从广大民众抓起，由学校及用人单位等想办法来解决学生和员工的心理问题，及早发现，及早治疗。或许在将来的某一天，对于类似的犯罪预防，我们能够提出更加可行的方案。

无声的控诉

背景：美国华盛顿特区的加劳德特大学是一所聋哑人学校，被称作“聋哑人高等教育学校当中的哈佛”。其坐落于特区一个嘈杂的角落，但与周围的环境不同，居住在里面的特殊群体使得这座学校犹如一个宁静的孤岛，四周的围墙隐约营造出一种与世隔绝的氛围。

案发：2000 年 9 月 28 日，一名略显着急的学生打破了校园日常的宁静。晚上 8 点左右，一个学生找到科格斯韦尔宿舍楼的管理员劳伦·哈斯贝，说自己本来约好和一个名叫埃里克·普伦吉特的同学在辅导课上碰面，但那个同学一直没有出现。劳伦看了看时间，然后告诉这个学生再耐心地等一会儿，或许埃里克马上就会出现。但是，眼前的学生十分固执，他坚持要求劳伦去埃里克的宿舍看一下，因为他在那间宿舍的门口闻到了一股奇怪的味道。无奈之下，劳伦只好和这名学生来到位于楼道最里面的埃里克的宿舍，却意外地发现宿舍的门是关着的。这是一个很反常的现象，埃里克患有轻微的大脑麻痹，但性格非常外向，喜欢和任何人交朋友，他的宿舍门几乎从来都不关，学校的很多管理员都了解这一情况。

为了保护学生，学校规定宿舍管理员进入学生的宿舍，必须至少是一男一女两个人。所以，劳伦找来同事托马斯·科赫，当他们再次来到埃里克宿舍的时候，托马斯按响了门铃，却没有人来开门。聋哑学校的门铃是特制的，在门的上方安装一盏灯，这样在按响门铃的时候，那盏灯就会开始闪烁。托马斯觉得事有异常，所以找来备用钥匙打开了房门，眼前的场景令人瞠目结舌：房间里杂乱无章，一把看起来像是被砸碎的椅子散落一地，其中一些零件上还沾有血迹，地毯上同样有着一摊血迹，一个人正面朝下趴在床脚。托马斯迅速跑了进去，躺着的人正是埃里克，此时已经停止了呼吸。这使在场的三个人大吃一惊，他们迅速跑出宿舍并且关好门，然后一边向学校的主管汇报，一边打电话报了警。

特区警方很快来到现场，并立即排除自杀或意外的可能性，因为死者的致命伤在后脑，而凶器则是那把被砸碎的椅子，现场留有过激杀人的痕迹，好像某个人突然被埃里克激怒，然后抄起椅子从背后狠狠地砸向埃里克的脑袋。接下来，他们所要寻找的就是凶手留在现场的一切痕迹以及凶手行凶的动机。房间里的东西虽然杂乱无章，但是放在桌子上的手机以及电脑，还有旁边的钱包全部“安然无恙”，显然这不是一起入室抢劫案，那么就只可能是一起谋杀案。但是，凶手是从外面进入学校的，还是学校内部的人呢？警方据此展开深入的调查。

两种可能：凌晨 2 点的时候，警察来到埃里克家，他的母亲、继父以及姐姐住在一起，他们被告知埃里克在学校与人发生争执，不幸身亡。埃里克的亲生父亲是从埃里克的姐姐那里得知他的死讯的。挂断电话之后，埃里克的父亲在一张椅子上呆呆地坐了一整天，显然没有人能够接受这个恐怖的事实。

在聋哑学校的调查取证要比往常困难得多。首先，在询问目击者的时候遇到了极大的困难，因为他们必须要通过翻译才能明白被询问者所表达的意思，这需要多花费不止一倍的时间。更重要的是，通过翻译来了解可能会遗漏一些比较关键的细节。不过经过大量的调查，还是有一些关于案件的细节被警方发现。

第一，埃里克是同性恋，并且在学校里的一个同性恋俱乐部担任一些职位，来为同性恋者服务。这就提供了一种犯罪动机，很可能是由于埃里克特殊的性取向引起的仇视性犯罪，因为有学生称看到有人在墙上写下“又少了一个”的话。

第二，从现场可以看出有过激杀人的痕迹，也就是说，可能某个和埃里克感情相当亲密的人突然接受不了某个事实而失手杀了他，如他的男朋友之类的。警方甚至找到一个嫌疑人，一名学生透露埃里克正处在一段热恋当中，但这名学生不知道埃里克的恋人到底是谁，只知道这个人叫托马斯，姓氏是以字母 B 开头。而且同样有人证实这两个人在不久前发生过争执，那么因爱生恨也是有可能的。

第三，凶手可能是个完全陌生的人，埃里克只是恰好被选中成为目标。因为埃里克患有轻微的大脑瘫痪，他一个人居住，并且从来不关宿舍门。更重要的是，埃里克的宿舍在楼道的最里面，除了住在那里的人，其他人基本不会经过，也就意味着远离了人群聚集的地方。但如果是这种情况，那就意味着案件的侦破将会更加困难，因为警方连最基本的杀人动机都很难掌握。

FBI 介入：究竟是情杀，还是陌生人作案，警方对此一筹莫展。而埃里克被杀的消息已经传遍整个校园，一时间学校里人人自危，甚至相互指责。为了尽快摆脱这种局面，特区警方开始向联邦调查局求助。

FBI 接手案子后，在调查的过程中发现了一个细节，那就是埃里克出事时电脑是开着的，而使用记录显示他当时正和姐姐艾琳在网上聊天。于是，FBI 探员迅速找到埃里克的姐姐，希望从她那里得到一些有用的信息，而此时，埃里克的继父、母亲和姐姐正好也来到华盛顿特区。根据艾琳的表述，那天埃里克一直都十分正常，不过她之前曾经几次看到一个身影在埃里克宿舍门口徘徊。

警方结案：FBI 探员开始盘问每一个发现尸体的人，其中的重点就是管理员托马斯·科赫。他拥有所有宿舍的备用钥匙，这其中就包括埃里克的房间，同时他还是尸体的第一发现人。在询问的同时，警方也在寻找一个叫托马斯·B 的人，这个人据说是埃里克的恋人。在埃里克的一些聊天和通信记录当中，FBI 探员找到了这个叫托马斯·B 的人的真实身份——托马斯·明奇，是该校的一名新生，没有任何犯罪记录。FBI 探员坚信在调查当中总会找到一些线索，在汇总分析后找到最接近真相的线索后一路追查下去，不达目的誓不罢休。

不过，警方显然需要尽快结案，在 FBI 探员到来之前，特区警方找到了托马斯·明奇，并且进行了长达两小时的询问。其间，托马斯·明奇承认自己和埃里克有过感情，在结束那段关系的时候发生了争执，并且打了一架。在审讯室里，托马斯·明奇表示自己曾“推了埃里克一下”，翻译和托马斯·明奇都不明白那意味着什么。当他承认自己和埃里克有过肢体上的冲突之后，在特区警方看来就意味着他承认自己打死了埃里克。于是，托马斯·明奇迅速被逮捕，并且以二级谋杀罪被起诉。

凶手被抓的消息迅速传遍整个校园，但当得知凶手是托马斯·明奇之后，几乎所有学生和老师都大吃一惊：“怎么会是他！”似乎谁也不认为托马斯·明奇会杀害埃里克。但是，案件还是迅速走向终结，毕竟经历丧子之痛的埃里克的父母需要一个发泄愤怒的对象，而学校的学生们也需要借凶手被抓来恢复自己的安全感。相对来说，或许媒体对这个结果更加喜欢，警方在媒体发布会上做了这样的描述：世界知名的聋哑学校内，两名男性聋哑学生卷入一场情感纠葛，并且引发一次剧烈的冲突，最终导致埃里克·普伦吉特的死亡。“世界知名高等院校”“同性恋”“聋哑学生”“死亡”等关键词无疑成了媒体最大的宣传热点。

转折：但是，案情很快出现了戏剧性转折。在起诉的过程当中，美国联邦检察官驳回了起诉申请。他们认为警方缺乏足够的证据，仅仅因为托马斯·明奇的一句供述不足以作为逮捕他的证据，况且他只是承认两人有过肢体冲突，却没有承认自己打死了人。而房间中的指纹同样无法作为证据，既然之前两人有过一段时间的交往，那么会留下托马斯·明奇的指纹是很正常的事情。因此，警方只能撤销了控诉，虽然托马斯·明奇依然是头号嫌疑犯，但被无罪释放，警方想要逮捕他就需要更多的证据。

埃里克的家人是在葬礼上得知这一消息的，这和之前得知埃里克的死讯一样不能被他们接受。他的继父质问警方："你们为什么要放了他，他已经认罪了。"学生们同样惊讶于一个杀人犯被无罪释放，并且再次引起恐慌。为此，埃里克的母亲不得不写了一封公开信来安抚慌乱中的学生。

一个月之后，埃里克的母亲收到了一个来自加劳德特大学的包裹，里面是一些埃里克的银行账单，账单显示在 2000 年 9 月 28 日，也就是埃里克死亡的当天，他曾经在联合车站使用了自己的信用卡。她把这一情况告知调查员，因为杀害自己儿子的凶手还没有归案，她必须为此尽一份力。但这一信息来得太迟了，因为时间超过 30 天，监控录像已经被清空，警方无法得知当时使用信用卡的具体情况。

又一个死者：埃里克被杀的案件过去几个月之后，加劳德特大学恢复了正常的教学秩序，学生们如常地开始上课。但是，这种平静并没持续多久就再次被打破。2001 年 2 月 3 日，突如其来的火灾警报响彻整个校园，事发地点还是在科格斯韦尔宿舍。管理员迅速疏散了学生，因为并没有找到起火的地方，所以他们一间一间地打开宿舍查看究竟发生了什么。这时，一名管理员惊慌地跑出来，向其他人挥着手比画着什么，劳伦有些疑惑，因为那名管理员一直在重复一个词——"又一个"。又一个什么？大家突然有了不好的预感，当人们赶去那名管理员所说的房间之后，所有人都震惊了——又一个被害者！房间同样凌乱不堪，而死者的状况更加糟糕，因为没人可以确认死者的身份，他的面部被刺了很多刀，血溅得到处都是。这次警局没有丝毫犹豫，直接向 FBI 发出求助。

FBI 接手：调查显示，死者名叫本·瓦尔纳，19 岁，来自得克萨斯州，性格内向，喜欢独来独往，但是乐于助人。与上一起案件不同，这次房间里少了一些东西——钱包、信用卡以及支票簿。与此同时，凶手留下了大量的痕迹——一道鞋底留下的血印，从本的房间一直延伸到宿舍楼外的一个垃圾桶旁边。调查员在垃圾桶里发现了一件带血的夹克以及一把带血的匕首。

后来，那把匕首被证实属于本·瓦尔纳本人，而且 FBI 探员也对科格斯韦尔宿舍的每一个学生进行了询问，但没有获得有用的线索，宿舍管理员托马斯·科赫则再次成了 FBI 探员重点关注的对象。托马斯本人对此异常愤怒，本来就因自己没有保护好学生而深感自责，当 FBI 探员把目光集中在他身上的时候，他简直无法控制自己的情绪。但是，他的嫌疑很快就被排除了，DNA 检测显示他与遗留在两起案发现场的 DNA 明显不相符。然后，人们的视线再次回到埃里克案的头号嫌疑人托马斯·明奇身上，巧的是案发当时已经离校的他正好也在华盛顿。那么，凶手真的是他吗？可师生们都没有见过托马斯·明奇回到学校。要知道在学生们眼中，明奇依旧是一个杀人犯，要是有人看到他，即便是疑似看到了他，也一定会向学校报告的，但没有任何与之相关的信息。

不久之后，托马斯·明奇回到华盛顿的原因也被 FBI 探员得知，他只是承认自己和埃里克有过冲突，却无法理解自己的证言怎么会和杀人联系在一起，他只是想要澄清自己没有杀人。同时，两起案件的现场也没有任何线索能够证明和他有关系，DNA 检测结果显示也并不匹配，托马斯·明奇再次洗脱了嫌疑。

FBI 探员又进行了上百次询问，但是一无所获，没有任何人有任何与案件相关的线索，而现场留下的鞋印也同样找不到匹配的对象。此时，唯一的线索就只有 FBI 专家得出的一个结论：凶手很有可能受伤了。被当作武器的匕首一般都会在刀柄上有一个较大的凸起，用来保护使用者的手不被划伤，而一般的切菜刀或削皮刀却没有。当一个人拿削苹果的刀子去刺人的时候，就很可能会因为刺到骨头而导致自己的手滑到刀刃处被割伤。

新的线索：此时，本申请银行卡的发卡行给 FBI 探员发来了信息，因为他们怀疑有人伪造了本的支票。曾经有人拿着一张显示是本签署给约瑟夫·梅瑟的支票前去银行兑现。那么，这个约瑟夫·梅瑟又是“何方神圣”呢？他就是之前向宿舍管理员劳伦表示发现埃里克房间有奇怪的味道，并且十分执着地要求劳伦前去查看的那名学生。而来自银行的监控也显示，正是这个人兑现了那张支票。

经调查显示，这个人和埃里克以及本也仅仅是认识而已，并没有更加亲密的关系。而且本被杀的时候，他已经搬出科格斯韦尔宿舍楼，但是依旧经常回来。管理员劳伦对此不以为意，因为毕竟他在这里住了很久。在对约瑟夫的询问中，他否认自己杀害过埃里克和本，FBI 探员却在他的手上发现类似之前推断的那种刀伤。虽然约瑟夫拒不承认任何指控，但已有的线索足够 FBI 探员申请对其住处的搜查令。令人意外的是，搜查令还没有下来之前，他就前去自首了。约瑟夫承认自己杀害了埃里克以及本，但是说自己杀人的动机只是因为钱，这与之前的分析完全不符。可 FBI 探员依旧对其提起诉讼，在法庭上他辩称自己有精神障碍，所以杀人是无意识的。但陪审团中显然没有人愿意对如此凶残的人施恩，约瑟夫·梅瑟最终被判处终身监禁。

犯罪心理分析

约瑟夫·梅瑟和其他一些杀人犯比较起来并没有什么不同，同样凶残，同样狡猾，同样尝试掩饰自己并且为自己的罪行开脱。如果在档案当中剔除“聋哑人”这一定语，那么这起案件就和普通的凶杀案件没有任何区别。

那么，这个生而残疾的可怜人为什么要杀人呢？在供述中，他声称自己单纯只是为了钱，并且叙述过程相当混乱，甚至前后颠倒、多次重复。这些似乎都表明他具有一定的精神障碍，但很显然这些都只是他刻意的伪装罢了。如果正如他所说的自己只是为了钱，那么这个人就实在太可怕了。

首先，在埃里克的案件当中，虽然现场没有发现物品遗失，但随后的证据显示埃里克的信用卡曾经被用来购买自行车等物品，而作为一个患有轻微大脑麻痹的人，是根本不可能骑自行车的。后来，警方在约瑟夫的房间内找到了当时购买的自行车以及一双鞋子，就是那双在本被杀的现场留下鞋印的鞋，同时也是用埃里克信用卡购买的鞋。

其次，在本被杀之后，约瑟夫也拿走支票簿并且伪造支票前去兑换。如果一切正如他所说，那么他就是一个为了钱可以随意杀人的不折不扣的恶魔。

我们可以试着还原一下埃里克案件的始末：约瑟夫杀了埃里克，并拿走他的信用卡；然后去买了自行车、鞋子等物品，之后再把信用卡放回原来的地方；随后锁上门去找管理员与自己一起发现尸体，这样就可以摆脱自己的嫌疑了。

但这其中还有一个疑点，根据这个疑点可以推测出一个相当可怕的真相：约瑟夫并不是在偷窃被发现之后再杀人的，而是本来就打算杀了人然后拿着东西离开。这两起案件的现场之所以差别很大，是因为埃里克有轻微的大脑麻痹，只要把他推倒在地，那么要杀他简直易如反掌；而本则不同，他进行了激烈的挣扎，因此激怒了约瑟夫，致使他疯狂地刺了本很多刀。这样的解释看似合理，但忽略了重要的一点——在埃里克的案发现场同样有过激杀人的痕迹，而埃里克是无法做出太多抵抗的。据此 FBI 探员做出两点判断：第一，约瑟夫确实只是为了钱而杀人，很明显在两起案件中，他之所以杀人就是为了可以光明正大地花掉他们的钱；第二，约瑟夫杀人并不只是为了钱，大概是有潜在的残忍因子在其中作祟，毕竟想要得到钱有很多种方法，而杀人无疑是最容易被发现的一种。毕竟，对于丢钱之类的小事情，FBI 是不会受理并介入的，即便是勒索、绑架也远比杀人要容易得多。

总之，对于这样一个为了一点钱可以随意杀人，而且潜藏着凶狠残忍天性的人，确实应当受到最严厉的制裁。

犯罪预防指南

提到残疾人犯罪的预防，重点就是要加强管理和心理疏导，以防止个别人滋生不正常心理，过于偏激，最终走上犯罪的道路。

重中之重在于有效管理，面对他们应当付出更多关爱，投入更多关注。但是，这种所谓的特殊对待不应体现在方方面面，在法律面前没有人该受到特殊对待。

很多人心底都有过犯罪的欲望，只是人与人之间的自制力不同，同样面对一百万美元，有的人会心动，也有的人无动于衷；但要是一直增加下去呢？一千万、两千万、一亿、两亿……迟早会有一个数字冲垮人们的自制力。而在本案中，约瑟夫为了区区几百美元就接连杀害两个人，这一方面是因为其本身的残忍、对生命的漠视，另一方面同样可能是因为几百美元对他来说已经是一笔巨款，是一笔不惜为此而杀人的巨款。

假炸弹与真信息

绝对“完美”的犯罪：2000 年 11 月 21 日，在美国加利福尼亚州维斯塔市郊区，35 岁的单身妈妈米歇尔·蕾妮和她 7 岁的女儿布里亚正在家里休息。米歇尔是一个银行经理，她像往常一样陪着女儿玩游戏，顺便等待室友回家。就在两人玩得兴起的时候，一声巨响传来，房门被人狠狠地踹开，几个蒙面的黑衣人鱼贯而入。还没反应过来的米歇尔被他们一把摁倒在地，布里亚则试图逃跑，但一切都是徒劳的，很快布里亚也被抓了回来。米歇尔感觉自己的头上正顶着一个坚硬的东西，很快她就判断出那是一把枪，因为她看到自己的女儿同样被摁倒在地，一个矮小的蒙面人正用枪指着她的头。

布里亚惊慌地大声叫喊着，而米歇尔则不停地喊着“不要伤害我的女儿……”短短几秒的时间内，抢劫、杀人等骇人的字眼反复地在米歇尔的大脑中闪现，她已经被吓傻了。绑匪却只是说了一句“闭嘴”之后就不再开口，米歇尔的耳朵里传来撕扯胶带的声音，那种刺耳的撕拉声估计她一辈子都忘不了。就这样，米歇尔和女儿被绑了起来。随后，一名绑匪命令米歇尔跪在地上。为了不激怒绑匪，她只能配合并暂时保持沉默，因为她看到抓住女儿的绑匪只是用枪指着她的头，并没有其他危险的动作。年幼的布里亚不停地问绑匪：“你们是不是要杀死我的妈妈？”但绑匪没有回答，反而问米歇尔她的室友什么时候回来。

米歇尔并不知道自己的室友具体什么时候回家，但绑匪并不相信，同时说出了一些让米歇尔惊恐万分的事情。一名看起来像是头目的绑匪说他们已经观察她好几个月了，包括她去购物、送女儿上学，甚至在家里和男朋友亲热。这些使陷入恐惧的米歇尔明白这并不是一起单纯的入室绑架，而是蓄谋已久的犯罪。与此同时，她还想到前一天晚上，女儿布里亚告诉她有人在窗外偷窥她们，但当她探出头去时却什么也没有看到，所以并没有放在心上。此时她终于相信女儿说的是真的，但为时已晚。

随后，绑匪说出自己的目的：他们要求米歇尔帮忙抢劫她所供职的银行，并且拿出炸弹和类似炸弹起爆器的东西，威胁说如果她不配合，就会把她连同她的女儿一起炸死。此时离米歇尔上班的时间还有整整 12 个小时，也就是说，她们必须在惊恐中和歹徒一起度过长达 12 个小时的时间，而这其中又会发生什么，米歇尔简直不敢去想象。她现在正处于一种极度矛盾的状态，既希望时间过得快一点，这样就可以尽快离开这些绑匪，又希望时间过得慢一些，因为天亮了就代表她必须去抢劫自己所在的银行，否则女儿和她都会被炸弹炸死。

在惊恐当中，米歇尔渐渐了解到一些绑匪的信息：他们一共有三个人，其中用枪指着自己女儿的那名瘦小绑匪被他的同伙叫作“骨头”，负责看管她的那个是绑匪头目，而另一名大块头则被叫作“大个子”，这个人在看守房门。其间，米歇尔又发现了第四名绑匪，听声音是个女的，绑匪头目时不时地用步话机和那个女人联络，询问米歇尔家四周的情况。

晚上11点左右，汽车的灯光闪过窗前，米歇尔的室友回来了。在室友开门的瞬间，米歇尔大声地喊“快逃”，但她的室友显然并没有反应过来，而是被守在门口的大个子拖进旁边的卧室。米歇尔非常担心她的室友，但以目前的状况来看，她也没有任何办法，只能静静地等待。过了一会儿，她的室友也被拖到客厅，她被绑了起来并不停地挣扎，恶毒地咒骂着绑匪。一名绑匪用枪抵着室友的脑袋说要是再不闭嘴就打爆她的头，米歇尔害怕自己的室友真的被杀，努力用头把绑匪的枪撞向一旁，很快绑匪又把枪指在她的头上。而室友的嘴则被绑匪用胶带粘了起来。

等住在屋子里的三个人全被抓起来之后，绑匪的精神状态明显松懈下来，紧接着又做出一些令米歇尔她们心惊胆寒的事情。比如，他们像念饶舌一样说着粗俗不堪、极其下流的话来侮辱这三个毫无反抗能力的人质。米歇尔很害怕这三个男人会做一些什么事情，万幸的是，他们仅仅说了一些下流的话，并没有其他举动，这让米歇尔暂时松了一口气。随后，三个绑匪拿出随身携带的可乐和薯片，并且吸着大麻，甚至打开电视机看了一部电影，乍看起来这三个人根本不是在绑架，而是在自己的家里开着派对。

时间一点一点地流逝，米歇尔终于熬到天亮。绑匪头目强迫米歇尔开始准备上班，先是洗了澡，然后换上工作服，唯一和往常不同的是，绑匪在米歇尔的背后绑了炸弹，布里亚也是一样。在和女儿告别的时候，米歇尔悲伤地想这或许是和女儿最后一次见面了，但她别无选择。没有一个普通人在背后绑了炸弹的时候还能头脑冷静地考虑别的事情，她只能按照绑匪说的去做。

出了门，绑匪头目将米歇尔押上车开往银行。到了之后，绑匪头目告诉她必须在运钞车到达之后的五分钟内带着钱出来，如果迟一秒，他就会按下炸弹引爆器，让她和她的女儿一起被炸上天。米歇尔点点头，强装镇定地进入银行，但是她的大脑里一片空白。当她找到自己的座位，并且像往常一样拿起电话准备听是否有未读的语音邮件时，就在刚准备拿起电话的瞬间，她突然清醒了，万一自己拿电话的动作被绑匪看到，怀疑是在报警，那自己立刻就会被炸死的，急忙扔下电话的米歇尔心有余悸地想着。时间在焦虑和紧张中慢慢流逝，时钟的声音在米歇尔听来就是炸弹倒计时的声音。随后，运钞车在这种煎熬的状态下准时驶入银行。米歇尔顶替了本该接收现金的出纳的工作，她来到金库，接收了当天的现金，随后又叫来一位工作人员和她一起把钱装到绑匪提供的袋子里。她只有五分钟，不得不加快速度。

上午9点左右，米歇尔带着36万美元现金离开银行，绑匪就在车子的后座上等着她。当她出来之后，绑匪要求她把车开到一座公寓的旁边，那里基本不会有人经过。等到达目的地之后，绑匪把米歇尔赶下车，告诉她沿着来时的路返回，就会在路上发现自己的车子。别无选择的米歇尔只能迅速往回跑，意外的是，她真的发现自己的车子，虽然腰间的炸弹还没有拆除，但是她已经顾不得那么多了，她必须尽快赶回家。她一直在做最坏的打算：绑匪很可能已经杀死了自己的女儿和室友，就连自己也随时可能会被炸死。但当她回到家里之后，事情再次出乎她的意料：室友和女儿虽然还被绑着，但是看起来并没有受到伤害，而且留在房间内的其他绑匪也都不见了踪影。她们急忙把身上的炸弹拆下来放到花园里，并且拨通了报警电话。

FBI 行动小组到达之后被米歇尔讲述的故事震惊了，是的，米歇尔讲述的一切看起来就像是一个自导自演的故事。在 FBI 探员对银行目击者进行询问时，大家都只看见米歇尔心不在焉地走进银行，等到运钞车来了之后又越权接收了所有现金，然后提着一个袋子迅速离开银行，并独自开着车离开。但不论米歇尔所说的是否属实，当下最重要的还是拆掉花园里的炸弹。如临大敌的拆弹小组进入花园之后，一位工作人员目不转睛地盯着炸弹看了很久，然后一丝轻松、疑惑以及某些说不清的表情浮现在他的脸上，在远处等候的 FBI 探员只从耳麦中听到了一句话："炸弹是假的！"原来，所谓的炸弹不过是一些涂了漆的木棍，然后在上面绑了胶带和电线，在不熟悉炸弹的人看起来，几乎和真的一样。FBI 探员搜索了整个屋子，并没有找到一点有用的线索，如果炸弹是真的，那么根据炸药来源或许能找到一些线索，但它是假的，那就没有任何参考价值了。同时，案件的目击者似乎也就只有米歇尔母女和她们的室友，很不幸的是，她们也是嫌疑人之一，绑匪并没有在现场留下任何痕迹。

如果米歇尔说的是真的，那么这是一场绝对"完美"的犯罪；如果他们又是惯犯，作案之后就迅速离开的话，FBI 想要抓到他们无异于大海捞针，因为他们连绑匪的一些基本特征都无法得知。

漏洞百出的作案前准备：先前由于心情高度紧张，米歇尔暂时失去了思考能力。但确认安全之后，随着情绪渐渐地平静下来，米歇尔回想起一些线索。在案发的前一天，曾经有一个男人向她询问过一些关于贷款的事情，那个男人的眼睛和声音都和绑匪头目非常相似，而且其间还进去过一个女人，也和案发当天对讲机中听到的声音很像。米歇尔仔细地回忆着当天的细节，包括那个男人曾经夸赞她的女儿很漂亮，因为在她的办公桌上摆着一张她和女儿的照片。临走的时候，那个男人还给了她一张名片，上面写着克里斯托弗·巴特勒。

虽然得到了疑似绑匪头目的名字，但 FBI 探员并不是很重视这条线索，毕竟没有一个绑匪会在作案的前一天把自己的真实姓名告诉自己的目标，这多半只是障眼法罢了。令人意想不到的是，就在 FBI 探员把克里斯托弗·巴特勒这个名字输入 FBI 的刑事犯罪数据库的时候，屏幕上还真的出现了一个人的档案，这个人曾经参与过亚特兰大的一起银行运钞车抢劫案。在惊讶的同时，FBI 探员确信米歇尔说的是实话，当他们准备抓捕时，虽然只是扑了个空，却找到了关键性的证据：FBI 探员在克里斯托弗的卧室里找到了和假炸弹上面一样的喷漆、电线以及胶带，还有与米歇尔等人的描述很像的针织帽面具。随后，惊喜再次出现，FBI 的实验室传来消息，在假炸弹上竟然有一个非常清晰的指纹，对比显示这枚指纹属于克里斯托弗。“他们一定没有看过类似的案件现场调查。”FBI 的一位探员轻松地调侃道。显然他们并没有想到设计出完美犯罪的几名罪犯竟然会留下这么多明显的线索，这几个罪犯简直就是来逗 FBI 探员开心的。

随后，FBI 探员根据米歇尔的描述掌握了另外两名罪犯的线索，一个是克里斯托弗的室友哈金斯，还有一个是克里斯托弗的女朋友，并且发布了对这三个人的通缉令。克里斯托弗和他的女友是最先被逮捕的，被逮捕的时候这两个人一脸严肃并且充满疑惑。随后，哈金斯的线索也被掌握：哈金斯的一个朋友向 FBI 探员举报哈金斯要求她帮忙藏匿 9 万多美元的现金，当她看到通缉令后，就把钱悉数交给警方，并且提供线索帮助警方抓捕了哈金斯。前面几名罪犯的抓捕工作都进行得很顺利，唯独那个绰号“骨头”的罗伯特·伯恩斯·奥迪兹迟迟没有归案。因为害怕遭到报复，所以米歇尔不得不让自己的女儿剪成短发，并且给自己染了红色的头发。万幸的是，几个月之后，FBI 探员在威斯康星州找到了罗伯特·伯恩斯·奥迪兹，成功将其抓捕并引渡回加利福尼亚州。

波折：就在 FBI 探员信心满满地准备起诉的时候，意外出现了。克里斯托弗的女友向 FBI 探员透露了第五名犯罪嫌疑人的信息，这个人就是米歇尔·蕾妮。而在 FBI 探员的调查之下，米歇尔的背景也确实让人不安，她的兄弟姐妹很多，家里的经济条件极差，所以，16 岁的时候她就不得不离开家独自生活。后来因为交友不慎，米歇尔被迫参与毒品交易，并且她在申请银行工作的时候也撒了谎，她并没有任何一次完整的教育经历。作为一个银行经理，她的个人财务状况却是一团糟，甚至于不久之前刚刚申请了个人破产。这一切再加上刚开始 FBI 探员的怀疑，动机和时间全有了，似乎米歇尔就是犯罪团伙中的一员。一直保持沉默的克里斯托弗同样道出了一个可怕的故事——米歇尔才是这个团伙的主谋，一切都是由她进行策划的，而其他人只是执行者，并且声称自己和米歇尔有婚外情。陪审员们的意见无法统一，法庭一时间也无法做出准确的判断。最后，FBI 探员做出了自己的判断，米歇尔·蕾妮不是犯罪成员！最明显的证据就是她并不是这次抢劫的得益者。罪犯们一共从银行得到 36 万美元的现金，而仅哈金斯一人让朋友帮忙藏匿的现金就达 9 万美元之多，正好是四分之一左右。照这样算下来根本就没有第五个同伙，否则第五个同伙的份额又该从哪里得到呢？

经历一番波折之后，克里斯托弗被判终身监禁，哈金斯和罗伯特被判有期徒刑，而克里斯托弗的女友则被判一切指控都不成立，最终当庭释放。

犯罪心理分析

整起案件确实让人觉得意外连连，看似复杂，但是破案的过程让人觉得似乎完全不用动脑筋。

整起案件的策划堪称“完美”，从始至终绑匪们就没有出现在除当事人之外的任何人的视线之中。如果没有米歇尔后来的表述，那么显然这就是一起米歇尔自导自演的案件，FBI 探员的第一嫌疑目标定在她身上也是理所当然的。犯罪嫌疑人没有留下任何线索，包括炸弹都是假的，如果用真的炸弹，那么 FBI 就可以根据炸弹的来路判断出绑匪可能是什么人，但既然炸弹是假的，自然也就无从查起了。

但这其中有太多的疑点，首先是绑匪出现的时间太早，在米歇尔的室友还没有回家之前他们就提前进入房间。如果米歇尔的室友带了朋友一起回来，那么就会出现意料之外的情况，对一个可以策划出如此作案计划的人来说，这样的细节是不应该被忽略的。再者，等到他们都入睡之后再进行绑架，无疑会简单得多。除米歇尔的背景之外，这也是她受到FBI探员怀疑的原因之一。

其次是绑匪对于米歇尔等人的态度，没有伤害任何人，虽然粗俗不堪地用语言侮辱她们，却没有任何实质上的身体伤害。单说米歇尔的话，还可以认为是为了第二天上班的时候不被别人看出异常，但对米歇尔的室友也如此仁慈就说不通了。一般来说，绑匪为了使目标确信自己一定会杀了他，多半会采取一些恐吓措施来提高自己的可信度，如故意开枪打伤某个人等。但这些他们都没有做，即便是米歇尔用头把绑匪指在室友头上的枪撞向一边，绑匪也似乎并没有真的被激怒。这一切都显得极不寻常，也难怪FBI探员对此给出的判断是米歇尔或许真的和绑匪有什么关系。

剩下的事情就更加令人想不明白了。在抢劫银行的前一天，绑匪头目竟然去见了自己的目标人物，并且递上印有自己真实姓名的名片，这简直就是在开玩笑。或许有人会猜测这是绑匪故意使的障眼法，就是利用常人的盲区来掩饰自己就是罪犯的事实，但这依旧很不合理。事实证明，即便FBI探员并不重视那个名字，但依旧会在刑事犯罪档案库里进行检索，克里斯托弗不会不知道自己是在FBI存有案底的，毕竟他有过抢劫运钞车的前科。但事实上他们就那么做了，不知道是出于过度自信还是其他原因，因为他们录口供时的不配合，FBI探员也无法得知事情的真相。

如果米歇尔和绑匪没有任何关系，那么只能说绑匪头目有些自信过头了，硬生生把一场完美犯罪搞得漏洞百出。最后，FBI探员依然根据赃款的分配认定米歇尔没有参与犯罪，虽然米歇尔有着很大的嫌疑，甚至有着充足的动机，但没有任何证据能够显示她是本案的参与者。米歇尔的动机就是缺钱，但她最后没有得到一分钱，这足以打消FBI所有的疑虑。

犯罪预防指南

第一，给自己家装一扇“铁门”。虽然很多人都在写文章批判现代社会的水泥房子和大铁门割裂了人与人之间的关系，但事实证明，在安全性方面，铁门确实要比木头门好得多。绑匪之所以可以一脚踹开米歇尔家的门，也许就是因为如此。如果米歇尔家装着一扇防盗门，一脚踹下去裂开的恐怕就是绑匪的脚了。当然，这样说其实只是一种指代，强调的就是要提高防范意识，不厌其烦地做好安全防范措施，比如，晚上一定要锁好自家的门窗，尤其是只有女人和孩子在家的时候。俗话说“小心驶得万年船”，多提防一些、多注意一点总归没有坏处。

第二，不要向陌生人透露太多的信息。很多人都喜欢在外人面前夸自己的孩子，即使是和还不怎么熟悉的人，比如，在哪儿上学，在哪儿工作，叫什么名字等随口就说，恨不得到处宣传。殊不知，你享受的也许是别人听到这些话之后的羡慕和夸赞，但在“有心人”的耳朵里，这些也许都会成为将来引你上当的关键信息。

第三，做人最好“表里如一”。如果不是调查出个人信息，

FBI探员怎么也不会想到外表光鲜亮丽的银行经理米歇尔竟然是一个没有接受过完整教育、贩卖过毒品，甚至已经申请个人破产、私生活极其糟糕的女人。同样，如果不是具有最有利的证据证明米歇尔并没有参与到那起银行抢劫案中，那么境遇糟糕的她也很可能会和克里斯托弗等人一样锒铛入狱。可见，对自己糟糕的过去一定要尽力去改善和弥补，否则总有一天这些会成为炸弹，把自己炸得粉身碎骨。正如有人感慨现在的人太蠢、太好骗的时候，一个网友给出了回答：不是人变笨了，而是做亏心事的人多了。幸好他们知道自己做的是亏心事，那就说明他们还是有良知的、是有救的，也是可以逐渐改进，变得越来越好的。

犯罪心理档案

凋零的花朵

案发：2009 年 3 月，美国加利福尼亚州一个名叫布鲁科勒的小镇，8 岁的女孩桑德拉·坎图走在回家的路上。因为桑德拉刚刚读二年级，所以下午放学的时间很早。小镇里并没有太多的娱乐项目，桑德拉每天的乐趣就是和小伙伴一起玩耍。因此，当她像往常一样回到家里放下书包，又跑出去找小伙伴们玩耍时，她的妈妈玛利亚只是习以为常地微笑了一下，并没有太过在意。但是，几个小时之后，在往常应该早已经到家的时间，桑德拉依然不见踪影，这使得玛利亚担忧起来。于是，她往女儿朋友们的家里打电话，希望桑德拉只是在朋友家里玩得高兴而忘记了时间。但令她失望的是，没有任何人知道桑德拉的下落。时间已经接近晚上 7 点，桑德拉依然毫无音讯，玛利亚着急起来，四处寻找女儿的下落。所有女儿经常玩耍的地方都没有她的踪影，玛利亚警告过自己的女儿不要离开家太远，而桑德拉之前从没有违反妈妈的规定。排除掉女儿忘记时间的可能之后，玛利亚担心女儿可能出事了，她立刻拨通了警局的电话。

在儿童失踪案的前几个小时内，孩子被找到的概率高达 70% 以上，但之后每过一小时，被找到的概率都会直线下降。这一情况使得接到报案的警员非常着急，直接把案情报告给警局局长——珍妮特·蒂森。在无数犯罪案例中，专家得出这样一个结论：在儿童绑架案中，前3个小时内孩子被害的可能性最大。而此时，桑德拉已经离开她妈妈的视线超过5个小时，这让警局局长的心沉到了谷底。随后，搜寻迅速展开。

调查：在调查的过程当中，案件的细节被一一掌握。首先，布鲁科勒镇仅有100名住户，这使得他们彼此之间都非常熟悉，而且关系也比较融洽，桑德拉以及她的家人并没有什么关系恶劣的邻居或仇人。其次，桑德拉是一个非常活泼开朗的女孩，她几乎和小镇上的每一个人都是朋友，也会向见到的每一个人打招呼。最后，案发当天，除桑德拉之外，家里其他的人都没有出门，而且也没有任何目击者曾经看到桑德拉在街道上玩耍。就在一筹莫展的时候，警察得到了唯一的线索——桑德拉的祖父为了防止有淘气的孩子或其他什么人搞破坏，所以在屋子外面安装了一个摄像头，里面拍到了桑德拉的影像。下午4点钟的时候，桑德拉曾从那里经过，这就表明在那之前桑德拉一直是安全的。

在整理线索的过程中，警方把第一个嫌疑目标放在桑德拉的父亲身上。她的父母处于离异状态，而且不久前还因为孩子的抚养问题闹得不可开交，所以警察很自然地怀疑是桑德拉的父亲带走了她。但经过一番调查之后，警方发现她的父亲从案发当天至今一直不在特瑞西，也没有托人把孩子带走的迹象，桑德拉父亲的嫌疑被排除了。

更加糟糕的是，虽然桑德拉的案子一直沉甸甸地压在警察的心头，但他们还有很多其他的工作不得不分神去处理。黎明时分，警局内所有空闲的警察以及能够发动的志愿者都开始四处寻找桑德拉，失踪的时候她仅仅穿着一件粉色T恤和黑色紧身裤，这样的衣服在晚上根本无法御寒。警方挨家挨户地进行询问，甚至搜查了一些商户，最后更是出动直升机使用红外探测仪在郊外展开搜索，但始终一无所获。

FBI介入：终于，特瑞西警局意识到了这件事情的严重性，他们发送了一份报告到FBI儿童诱拐快速行动小组，希望能够得到帮助。这个小组由全美国最权威的儿童犯罪专家组成，可以在4个小时内完成对全国任何一个地方的部署。在接到FBI回应的第一时间内，警察和桑德拉的家人所问的第一个问题就是："孩子是否还活着？"根据以往的经验，到了这个时候，97%以上的孩子已经遇害。但是，当时行动小组的领队约瑟夫·布莱恩唯一能做的，就是让FBI探员以及特瑞西警察为了那剩下的3%倾尽全力。

FBI探员到达布鲁科勒镇的第一件事情就是再次展开针对全镇居民的询问，但他们的切入点及思考方式明显与警局不同。随着询问的深入进行，一种很不好的感觉弥漫在所有FBI探员的心头。因为以桑德拉的知名度来说，几乎小镇的每一个居民都有作案的嫌疑，前面说过，这个孩子会和每一个遇到的人打招呼，并且会询问她遇到的每一个人是否需要帮助，比如，修剪花园或做蛋糕等，换而言之，也就是说她几乎对任何人都不会有戒心。而且根据人们的证言可以判断出，桑德拉经常自由出入于很多人的家中，似乎没有人会拒绝这个带着天使般微笑的女孩。

所以，FBI探员现在所面临的就是每一户人家以及每一辆车都必须检查，因为这些地方桑德拉都可能去过，这无疑给调查工作带来了很大的困难。即便如此，FBI 探员依旧没能得到任何有用的线索。就在这时，桑德拉好友的母亲发来一条短信，说她的一只旅行箱丢了，丢失时间就在桑德拉失踪的那个时间段。虽然这件事看起来似乎与桑德拉的案件毫无关系，但 FBI 探员很重视这条线索。因为这位报案人的家临近高速公路，往来的车辆很容易在绑架桑德拉之后离开布鲁科勒镇，如果是这样，搜索范围将扩大很多。特瑞西警局希望能在公路上找到一些线索，也许是陌生人绑架了桑德拉。但 FBI 探员对此有不同的看法，他们认为应该重点检查桑德拉的熟人，尤其是那些和她关系不错的男性。于是，搜索范围被缩小至过去两年中和桑德拉有过接触的男性。

同时，FBI 探员也做了一份关于罪犯的侧写：白人男子，年龄在 25 岁到 40 岁，有过侵犯未成年人的犯罪记录，尤其是有关性侵犯或猥亵儿童记录的人。这件案子最大的问题就在于没有犯罪现场，这在很大程度上抹去了一切犯罪的痕迹，行动小组自然也就无法得到足够的信息来推测到底发生了什么。渐渐地，专家们根据地理侧写推测出绑架桑德拉的人应该是熟悉她的人，并且就住在她家周围。

此时，距离桑德拉失踪已经过去 16 个小时，所有参与调查和寻找的人依旧一无所获，这个可爱的女孩就像凭空消失一般，而桑德拉依旧活着并且被找到的概率已经降到最低。FBI 探员心中绷紧了弦，在找到桑德拉之前，他们不愿意休息，也不愿意关心别的事情。65 名 FBI 探员、28 位特瑞西警局的警察以及数以百计的志愿者都在四处寻找桑德拉的下落，直升机、潜水员、警犬同样没有一刻停歇，但是他们寻找的仿佛是一个根本不存在的人，就连一丝痕迹都没有留下。他们把桑德拉的照片公布在所有可能的媒体上，希望有人能打电话到警局或行动小组，说他们见到过这个女孩。

虚惊：一支搜寻队在搜寻一座垃圾填埋场的时候，一位 FBI 探员发现了一件和桑德拉所穿同款的粉色 T 恤，顿时，众人想到了最坏的结果。但在和桑德拉的家人沟通之后，大家发现这件衣服的尺码和桑德拉所穿的不同。于是，大家在松了一口气之后再次开始紧张的搜寻工作，因为桑德拉有可能活着，虽然行动小组的分析结果很不乐观，但数据毕竟不是绝对的。

继续调查：在搜寻的同时，FBI 探员也迅速锁定几名嫌疑人。其中一名嫌疑人被人目睹亲吻过桑德拉。而当 FBI 探员找到他的时候，他的坦白也令所有人不安。这名男子承认自己吻过桑德拉，承认自己有恋童倾向，但否认了自己对桑德拉存在恶意，而且这个人没有相关的犯罪记录。除此之外，还有一个平时并不常来的雪糕商贩在桑德拉失踪的那个下午来过小镇，并且把车开到他平常几乎不会去的地方。只是，虽然这位商贩承认他和桑德拉在她家附近交谈过，但也仅此而已。

更加令人心惊肉跳的是，警方在一对继父子的手机里同时发现了桑德拉的照片。照片中桑德拉短裤上的纽扣被解开，而她当时正坐在这对父子其中一个人的腿上。在调查中，这对父子承认当时桑德拉就在他们的卧室里，并且在他们的电脑中也发现了很多可疑的儿童照片。虽然这两个人并没有侵犯儿童的犯罪记录，但一切线索都在指向一个令人不安的可能。

第二天夜幕降临的时候，一个疯狂的女人闯进FBI探员的视线，她就是之前报案说丢了箱子的邻居梅丽莎。梅丽莎和她的父亲都是教徒，她的祖父甚至还拥有一座教堂。这次她告诉FBI探员自己发现了一张便条，上面写着“坎图在丢失的箱子里，箱子在贝切提和怀特霍尔”的字样。经笔迹专家鉴定之后发现，这张便条的主人明显在故意掩盖自己的笔迹，因此，便条的内容就变得十分可疑，有可能是真的，也有可能是故布疑阵。同时，这张便条的出现也使得本来不在嫌疑人范围内的梅丽莎变得非常可疑。FBI探员一边去便条上的地点进行搜索，一边针对梅丽莎展开调查：在她的车上，FBI探员发现了一张蓝色的便条以及被画得乱七八糟的字迹，经过技术处理之后，发现上面写的内容和交给FBI探员的便条内容完全一样。但也仅此而已，并没有发现更多的线索，而且那对继父子的出现刚好转移了FBI探员的视线。

距离桑德拉失踪一个星期：依然没有任何线索的情况下，FBI行动小组决定对前面的几个嫌疑人进行测谎。有恋童癖的嫌疑人和雪糕商贩都通过了测谎，他们被暂时相信没有参与桑德拉的绑架案。但是，那对继父子并没有通过测谎，显然他们都有谋害桑德拉的可能。于是，FBI探员打算对所有人完成测谎之后进行重点调查，就在这时，意外发生了——最后一名嫌疑人，也就是自己闯入FBI探员视野的梅丽莎因为试图吞下一枚刀片而住院了。这在令所有人大惑不解的同时，也令FBI探员最终锁定了她，认为她的犯罪嫌疑最大。

就在此时，有人打电话报案，称在之前便条上写着的地方发现了一只可疑的旅行箱。之前 FBI 探员搜索这里的时候发现了一个巨大的池子，里面沉淀着旁边奶牛场中排出的奶牛排泄物和其他一些杂物，这使得潜水员根本无法下去搜查，因为在池子里什么都看不到，也无法定位。当 FBI 探员赶到的时候，并没有当众打开那只箱子，因为探测不到任何生命特征，所以箱子里面即便有，也只可能是一具尸体，而贸然打开箱子则有可能致使一些证据消失。抬着沉甸甸的箱子，每个人心里都预见了最悲伤的结局。

当法医打开箱子时，桑德拉就在里面蜷缩着，虽然在打开箱子的前一刻大家还在祈祷里面的不是桑德拉，但事实是残酷的。FBI 探员和警察唯一能做的，就是抓到那个杀害桑德拉的凶手。尸检结果显示，桑德拉体内有大量的强效镇静剂，身体上看不出其他伤痕，法医却坚信桑德拉遭受过侵犯。

与此同时，FBI 探员发现梅丽莎一些不寻常的历史：她之前居住的地方有过两次不明原因的纵火，并且当地警方曾经收到举报称她给一个孩子喝下带有大量镇静剂的饮料，但不知为何，这些事情都没有导致她被起诉。紧接着，一对目击者夫妇被找到，他们曾经在发现桑德拉尸体的池塘边见过梅丽莎，就在桑德拉失踪的那个下午。之后，FBI 探员在梅丽莎祖父的教堂中发现和绑在旅行箱上一模一样的绳子，还在教堂的厨房内发现了一根擀面杖，上面沾有一些血迹，鉴定表明是属于桑德拉的。但在之前的证言中，梅丽莎称桑德拉被害的那个下午自己一直在教堂里，而且桑德拉从未去过那里。

在确凿的证据面前，梅丽莎承认了自己杀害桑德拉的罪行，但坚称那只是一场意外：本来她只是在和女儿以及桑德拉一起玩捉迷藏，但当她把桑德拉放在旅行箱里之后就忘记了这个人的存在，当她想起来的时候，桑德拉已经死了。而且她声称自己给桑德拉做过急救，可是没有效果,无奈之下才抛尸的。但是,FBI 探员根本不相信她的谎言，种种迹象表明这是一场有预谋的谋杀，并且在她的电脑里也找到了证据。最终,法院以绑架罪和谋杀罪判处梅丽莎终身监禁,并且不得假释。遗憾的是，起诉其性侵的罪名并没有成立。

犯罪心理分析

在以上案例中，桑德拉的逝去似乎是无可挽回的，后来的调查也证明这一点，在玛利亚报案之前，桑德拉就已经被残忍地杀害。而案件之所以拖了那么久才被侦破，并不是因为作案人的手法有多么高明，而是因为在发现尸体之前，大家都会心存希望，都愿意把工作重心放在寻找桑德拉上。在人们的潜意识里，既然判定绑架者是周围人，那么桑德拉的藏匿地点也一定不会太远。

其次是在罪犯侧写上，在案件开始，就连 FBI 探员也一直将目标锁定在男性身上，并且主要排查那些有对儿童进行侵害前科的人，以及虽然没有记录，但是有过类似犯罪倾向的人身上。这似乎是很正常的调查方向，谁也没想到罪犯是个女人，还是桑德拉好友的母亲。毕竟在类似的犯罪当中，罪犯为女性的可能性仅有不到 10%。

一位 FBI 调查员说：“不论你和你的邻居表面上有多么好的关系，你永远都不会知道他的衣柜里到底藏着什么。”特瑞西警局的调查结果显示，这个小镇非常和谐友爱，但在 FBI 探员的进一步调查之下一切原形毕露，我们可以发现里面其实隐藏着很多各式各样的罪犯，以及潜在的罪犯。

至于梅丽莎的犯罪动机，首先她不是恋童癖，其次她也不是桑德拉一家的仇人，那么她为什么会对一个有着天使般微笑的女孩做出如此惨无人道的事情呢？虽然直到案件的结尾，她也没有透露一个字，但我们依然可以根据案件线索做一些简单的分析。

首先，梅丽莎有过两次不明原因的纵火。这至少表明梅丽莎并没有平时表现得那样无害，她本身就有犯罪案底，而之所以未被起诉很有可能是她长期服用精神性药品的缘故。这样一来，我们也就不难理解她之后的恶行，毕竟对一个具有犯罪事实的人来说，既然已经踏出一只脚，再去犯下另一桩罪行也并不是不可能的事。

其次，在发现桑德拉尸体的时候，她整齐地穿着生前的衣服，但是尸检结果却显示她曾经受到过侵犯。这就说明凶手在潜意识里对她还怀有一丝歉意，也表明性侵并不是凶手的嗜好，在凶手的潜意识里承认那是一种恶行。

而梅丽莎之所以会选中桑德拉，最合理的理由似乎就只有报复这一条了，其中最可能的就是因为梅丽莎自己的孩子。梅丽莎和丈夫离异，独自抚养 5 岁的女儿，住在父亲的老房子里。在这种状况下，加之不正常的精神状态，很可能使得梅丽莎已经把女儿当作自己的全部。但是，逐渐长大的女儿总会跃跃欲试地离开母亲的怀抱，似乎更喜欢和桑德拉等小朋友一起玩耍，这就使得梅丽莎开始嫉妒，甚至偏执到要杀掉桑德拉，夺回女儿全部的爱。

此外，自己的不幸在偏执狂的眼中也会与桑德拉天使般的笑容形成强烈对比，凭什么你就能那么幸福地活着，类似的想法也会由此而生，而这样的心态必然会引其走向罪恶的深渊。

最后，还有一种可能，就是梅丽莎渴望得到关注。如果说一开始报案称自己的箱子丢了只是为了在将来找到桑德拉的时候洗脱自己的嫌疑，那么之后假装发现便条以及吞刀片的举动就很明显是自己在冲向 FBI 探员的视线。如果不是她主动出现在 FBI 探员的视野之中，想要调查到她的身上还是有些困难的。这里的原因可能有两个，一是出于对桑德拉的愧疚，她希望有人发现桑德拉的尸体；二是为了让别人关注到她。遗憾的是，愚蠢的警察似乎一直没有过多地关注到她，没有发现她的“杰作”，这些迫使她使用各种手段跳出来，进而博取 FBI 探员的关注。

犯罪预防指南

首先，家长要对所有人具有防备意识，包括自己的邻居和朋友。正如前面所说：无论你和你的邻居表面上有多么要好，你永远无法发现他的衣柜里到底藏着什么秘密。孩子对人一般都没有防备，这就需要大人的格外关注与呵护，不要一味地忙于工作或所谓的正事而忽略自己的孩子，毕竟他们才是我们最宝贵的财富。

其次，提高孩子的安全意识，为孩子灌输保护自己的观念。比如，不要和陌生人说话、不要随便吃别人给的东西、一个人在家时不要给来访的人开门之类的道理。要教给孩子自保的知识，让他们不要轻信别人，更不能在未经父母同意的情况下随便去别人家里或和别人一起离开。

最后，需要特别提出的是，当孩子被绑架的时候，一般家长都会教给孩子大声求救。但是，在一些相对偏僻的地方，孩子一味地大声求救不仅得不到帮助，还很可能会激发凶手的凶性，使得孩子更容易遇害。这时候我们要为孩子普及一些小知识，假装顺从，然后巧妙地留下自己的痕迹，如在被绑架的路上时不时丢下一两件自己身上的小物件之类的东西，以便父母和警察迅速找来才是最正确的做法。

此外，当发现有人鬼鬼祟祟地强行带走孩子时，我们一定要提高警惕。即便对方声称是亲属关系也可以通知警察并进行干涉，很多人贩子在绑架孩子的时候都会声称自己是孩子的家长，而孩子根本无力辩驳。如果小朋友遇到这种情况，应该及时地通知大人和警察来解救被绑架的孩子，绝对不可以以身犯险。要知道，我们的一次细心观察与及时干涉，很可能就此挽救一个家庭。

犯罪心理档案

妈妈去哪儿了

案发：1995年8月20日，在美国内华达州拉斯维加斯市，这一天是周日，一个男人送自己的两个女儿来到她们的母亲家里。他们已经离婚，而且关系比之前更加恶劣，所以两个孩子总是在周末和父亲生活在一起，平时则和母亲生活在一起。为了避免父母见面时发生争吵，两个女孩下车之后就催促父亲赶快离开，并且叮嘱他下周末的时候不要忘了过来接她们。然而，看着父亲离开后一起上楼的两个小姑娘却遇上了意想不到的麻烦：房间内所有的灯和门都大开着，这在白天明显很不合常理。更奇怪的是，母亲的车子不在车库，人也不在家里，按照以往的经验，这个时间她们的母亲应该在等待她们回家才对。两姐妹觉得奇怪，但也只是微微有些不安，并没有想太多，这种状态一直维持到妹妹去上厕所的时候。

母亲从来不会摘下来的首饰竟然出现在浴室里，这一发现使得两姐妹极度不安。她们先是打电话给自己的父亲，然后又报了警，但警察告诉她们必须在人口失踪24小时之后才能报案。在拉斯维加斯，每年无故失踪的人口非常多，这里面既有外国的游客，也有本地的居民。而那些失踪的人大多会在一段时间之后自己出现，所以拉斯维加斯警局接到姐妹俩的报案后并没有放在心上，这似乎成了一条潜规则。

但是，由于母亲不在而感到害怕的两个孩子又一次拨通了报警电话，于是警方派出巡逻车把她们送到父亲那里。

然而，这次似乎不同于以往。直到周二，两个女孩的母亲一直没有出现。于是，在家人的要求下，警方的失踪人口调查科开始立案侦查。警察开始详细地询问有关的信息，失踪者名叫乔安·阿尔巴内斯，是一个单身职业女性，供职于米高梅大酒店，离婚后没有再婚。按照以往的经历，乔安绝对不会让自己的孩子独自待在家里，周日的情况确实极为反常。而警方第一个怀疑的人就是乔安的前夫——两个孩子的父亲，但是他整个周末都和自己的孩子在一起，所以有着充足的不在场证明。在调查当中，乔安的前夫为警方提供了一条线索：她虽然没有再婚，却有一个名叫约翰·爱德华兹的男朋友，那个人是个私人健身教练。

乔安和约翰是在一家健身会所相遇的，两人一见钟情并且感情发展十分迅速。警方在乔安单位的朋友那里了解到，周五晚上两个人本来是要约会的，而在那天之后，乔安却再没有去上班，巧合的是，约翰也至此不见了踪迹。他们是一起去了别的地方，还是同时遭遇不测？警方的猜测倾向于第二种可能。虽然深陷热恋当中，但其家人认为，乔安显然不是一个会丢下孩子不管不顾的女人。

在调查当中，警方发现了更加令人怀疑的线索——乔安的车子不在车库，但约翰的车子停在离乔安家不远的地方，那里是一个死胡同，平时基本没有人会经过。警方在约翰的车子里发现好几个汽车牌照以及成摞的个人身份证明和驾驶证，这些证件的归属地遍布全国，包括犹他州、佛罗里达州、俄亥俄州等。随着调查的不断深入，警方对约翰的身份越来越怀疑，他的车子上所挂的牌照属于佛罗里达州，但是机动车管理局压根没有相关的记录，也就是说那个牌照是假的。在约翰租住的房子内，警方还发现了一些睡袋和被封起来的箱子，看起来一副随时可以搬家离开的样子。在一个行李袋里还藏着一把猎刀以及一个用防水胶带缠了好多层的钱包，钱包里有一张身份证，上面的照片是约翰·爱得华兹，但名字是约翰·阿迪斯。房间内还藏有大量伪造身份证明所使用的材料和工具。这个人的真实身份到底是什么？约翰·爱德华兹显然是一个假名，但约翰·阿迪斯又是他的真名吗？从他大量伪造自己的身份证明来看，似乎是在掩饰自己的身份，而这样做的缘由不外乎两种：一是为了躲避什么；二是这个人在从事着什么犯罪活动，需要掩饰身份不被警方发现。

随后，拉斯维加斯警局把乔安的个人信息和车辆信息输入全国失踪人口数据库，一旦其他地方的警局发现乔安或她的汽车，就会同拉斯维加斯警方联系。但事实上，警方依旧不能确定她是遭遇到意外。还是自己主动离开的。虽然约翰的身份可疑，并且两个人在同一时间失踪，但这并不能证明什么，毕竟乔安的房间内没有留下任何可以证明她已经出事或非自愿离开的痕迹。

但约翰和乔安的一些生活细节使警方认为约翰有重大作案嫌疑。首先，两人虽然处于热恋当中却争吵不断，争吵的原因之一就是经济问题。约翰从来不在约会的时候埋单，而且两人相恋不久他就住进乔安的房子里。约翰只能在健身房赚取微薄的薪酬，并且没有固定居所，乔安则有着不错的工作和稳定的收入，乔安希望约翰可以更努力一点。其次，约翰有着很强烈的生理欲望，并且对乔安有着很强的控制欲，因此乔安很害怕约翰。最后，约翰对于 UFO 和外星人绑架有着狂热的兴趣，他曾声称自己就遭遇过外星人的绑架，并且认为政府对此事做出了隐瞒，甚至还因为这些写出一个剧本——《蓄意欺诈》。

对于约翰的这些行为，乔安觉得无法忍受，所以决定离开他。但约翰的态度与她截然不同，他提出想要结婚，甚至不停地游说她的朋友们帮忙。而两个人失踪的那个星期五，正是乔安决定正式提出分手的时候。那么，在提出分手的时候两人发生争执，约翰绑架或杀了乔安都是很有可能的。但在没有证据之前，这依然只能算作一起失踪案件，警察必须先找到乔安。

约翰 · 阿迪斯：对于乔安的调查一时无从下手，所以警方寻求 FBI 的帮助，开始着手调查身份可疑的约翰 · 阿迪斯。果不其然，在 FBI 犯罪档案数据库当中，约翰 · 阿迪斯是一名重罪犯，曾经因为绑架被判刑。更重要的一段经历是他曾经是一名阿拉斯加州的警察，有着长达 7 年的追捕罪犯经验的警察。如果这个人是罪犯，那么追捕工作将变得非常困难，因为他几乎熟悉所有追踪和破案的手段。

办案警察来到约翰曾经工作过的费尔班克斯市调查了解这个人的过去。他是四个孩子的父亲，一家人的生活状态与现代社会格格不入，他们甚至居住在一幢没有自来水管道的木屋里，需要在外面的小溪里取水饮用。同时，这个人对户外活动有着狂热的爱好，一到冬天就会开着自己的小飞机去山区打猎。除此之外，约翰在工作上也有着超乎常人的热情，根据他以前同事的描述，这个人在痕迹鉴定方面绝对称得上是一名专家，而且是顶级的那种。

三次婚姻：同时，约翰有着十分暴虐的一面。这个人对自己的妻子有着很强的控制欲，不让她外出工作，并且不让她有自己的朋友和社交活动。最严重的时候，约翰甚至把妻子监禁起来，并且不断地对其施暴。因为害怕自己会在某个时候被约翰杀死，所以妻子趁着他外出的时候，带着四个孩子逃了出去，并且申请离婚。

原本以为对自己的妻子和孩子有着绝对控制权的约翰·阿迪斯无法承受这突然之间的巨大转变，他的生活逐渐开始瓦解崩溃。首先是妻子提出离婚，脱离了他的掌控。其次是他的暴行使自己失去了孩子的抚养权，瞬间变得一无所有。可之后的情况出乎所有人的意料，离婚后不到 6 个月的时间，约翰再婚了，并且带着自己的新婚妻子搬到佛罗里达州。但是，他的行为变得怪异起来，经常无缘无故地失踪很长时间，而且没有人知道他去了哪里，干了些什么。因此，数个月之后，约翰的第二任妻子也离开他，回到阿拉斯加。

在第二段婚姻失败后不久，约翰·阿迪斯又开始了第三段恋情，这一次他用尽浑身解数去追求他的第三任妻子。两人相识于健身会所，然后又相伴去了世界上很多浪漫的地方。在第三任妻子怀孕之前，约翰都表现得十分完美，就像一个帅气又拥有良好教养的绅士。但是，在妻子怀孕后不久，他暴虐的一面再次显现出来：整天不停地念叨着要报复自己的第一任妻子，因为她使得自己失去与四个孩子见面的机会，还说想要绑架自己的孩子去野外一起生活。这一现象在第三任妻子生产后变得更严重，对妻子的暴力虐待也再次出现。于是，他的第三任妻子同样向警方申请保护之后毅然决然地离开了他。

绑架案：三次失败的婚姻彻底改变了约翰·阿迪斯，他心中的魔鬼被完全释放出来。1986 年 8 月，约翰的四个孩子从阿拉斯加飞到佛罗里达和他一起度过暑假。在此之前，约翰虽然对他的妻子非常暴虐，但对自己的孩子们非常好，称得上是一个尽职的父亲。但这次完全不同，他绑架了自己的孩子们，告诉他们妈妈已经死了，还给所有的孩子都换了名字，并且要求他们使用新的身份证明和出生证明，当然这些都是他伪造的。

孩子们的母亲突然联系不到孩子之后，赶紧报了警，希望警方可以帮她找回孩子。FBI 在全国发出通缉令，8 个月之后，有人举报在健身房发现约翰·阿迪斯，于是警方迅速出警，一举逮捕了他。接着，孩子们也在城外十几千米处的一间小屋里被发现，他严令禁止孩子们外出。约翰·阿迪斯因为绑架罪被判处有期徒刑 18 个月。

转变：得到假释之后，约翰搬到加利福尼亚州夫勒斯诺市。但在 3 个月之后，他再次消失了，并自此开始不断地使用新的身份和假名在全国逃窜。每搬到一个新的地方，他都会换一次身份和名字，唯一不变的就是一直从事健身房的工作，因为在那里他可以不使用真名就获得生活所需，用以基本生活和交纳房租。

约翰·阿迪斯开始不再执着于娶妻生子，而是利用自己的优势去引诱不同的女性。通过她们，他可以非常轻松地得到自己想要的东西。而当他对一个女人厌倦的时候，就会突然消失，不过在那之前，他会清空这个女人的银行卡。

乔安·阿尔巴内斯是否也遭遇了相同的经历？她是在失去约

翰·阿迪斯的踪迹之后开始去寻找他，抑或是遭遇了其他的事情？想要解开这些谜题，最简单的办法就是找到约翰·阿迪斯。

但是，想要找到这个人并不容易。首先，他有过7年的从警经历，办案经验丰富。其次，他还是一个最好的痕迹鉴定专家，知道警方会根据什么来追踪，而且知道该如何消除这些线索。他的足迹遍布美国南部各州，会使用假的身份证明来掩饰自己，还会跑到荒野当中突然消失不见，因为除了逃跑，他本身就对户外活动有着相当强烈的爱好。毕竟一般的逃犯逃入荒野只是为了躲避追捕，加之在荒野生存异常艰苦困难，所以大部分逃犯都会很快回到城市当中。而约翰·阿迪斯则是出于爱好和逃亡两个原因，所以你根本不知道他会跑进去多久，也不知道他会突然间从哪里冒出来，他似乎可以一个人穿越荒野和森林。

线索：经过多方调查，警方认为乔安已经遇害，凶手就是约翰·阿迪斯，但是他们并没有乔安遇害的确凿证据。法院方面认为，没有尸体就不能认定乔安被害，而现有的证据连绑架都无法认定。这样一来，FBI探员就无法介入追踪。而没有FBI的介入，单凭地方警局的警力是无法追捕到约翰·阿迪斯的。

就在警方苦苦寻找线索的时候，FBI探员接到了来自亚瓦派郡治安办公室的电话，他们在一处小山谷里发现了乔安的汽车，那里位于亚利桑那州，是一片人迹罕至的荒漠。这辆汽车被清理得十分干净，没有指纹残留，也没有可以提取的DNA。

1998年，此时距乔安失踪已经长达3年之久，但是拉斯维加斯警局依旧没能找到足够的线索申请 FBI 的介入。不过幸运的是，他们找到了一位同盟者——检察官艾比・希尔维尔。大部分检察官之所以不同意发出针对约翰・阿迪斯的通缉令，是因为他们认为乔安很可能是因为害怕或不堪其扰而一个人离开。但是，艾比不这么想，她的观点和警局一致，所以她顶着压力和风险把案子提交给大陪审团，并希望可以申请到关于约翰・阿迪斯的通缉令。1998 年 7 月 31 日，陪审团终于决定以绑架罪或者谋杀罪起诉约翰・阿迪斯，通缉令也最终下达，警局正式向 FBI 发出求助。

通缉令下达两个月之后，一个在亚利桑那州荒漠进行徒步旅行的人在偶然情况下发现了一个头盖骨和下颚骨，经过鉴定，这是属于乔安・阿尔巴内斯的遗骸。遗骸发现地距离发现乔安汽车的地方仅有 1 千米。

追捕：根据 FBI 探员的判断，约翰・阿迪斯很可能逃往墨西哥，但不能十分确定，所以他们在国际刑警组织的协助下在全球 140 多个国家发出通缉令。几年后，FBI 探员得到线索：约翰・阿迪斯正在墨西哥瓜达拉哈拉的一家健身房工作，但是他的名字已经变成约翰・斯通。遗憾的是，当 FBI 探员赶去的时候，约翰・阿迪斯再次消失了。不过，他这次不是一个人逃走的，与其相识于健身房且交往 7 个月之久的女友劳拉也一同消失。劳拉在临走之前还给自己的父亲留下字条，说约翰・阿迪斯向她求婚，所以他们一起离开了。根据以往的经验，FBI 探员几乎可以预见劳拉的悲惨未来，却依旧无可奈何，因为 FBI 探员无法在国外展开大规模搜捕行动。

此后，约翰·阿迪斯再次杳无音讯。一直到2006年10月，FBI探员和拉斯维加斯警局当年负责这起案件的警员得知了最不愿听到的消息：劳拉被发现死在墨西哥恰帕斯的一间小公寓里。不仅如此，一同死亡的还有一男一女两个年幼的孩子，他们是约翰·阿迪斯和劳拉的孩子，死因是一氧化碳中毒。调查显示，他们在恰帕斯的生活一直非常平稳，约翰·阿迪斯和社区居民的关系也非常融洽，当地的警长甚至聘请他做过自己孩子的英语老师。显然，在一段平静的生活之后，潜藏于约翰·阿迪斯体内的一些邪恶的东西再次爆发。

此后，针对约翰·阿迪斯的通缉令等级被一升再升。但还没有等到FBI探员再次发现他并对其进行追捕，约翰·阿迪斯就被发现死在危地马拉的一家酒店之中。酒店服务员在打扫房间的时候发现一名白人男子死在床上，周围是一堆身份证明，上面显示这个男人名叫约翰·查尔斯·斯通，是个美国人。危地马拉警方立刻联系了FBI，确认这个男人就是约翰·阿迪斯。这次死亡代表着对约翰·阿迪斯的通缉就此终结，同时代表着乔安·阿尔巴内斯、劳拉及两个孩子的死亡真相一同被永远埋葬。

犯罪心理分析

约翰·阿迪斯的控制欲非常强，也可以看出他对家庭的极度渴望与需求，他似乎离不开一个完整的家庭，却每次都会把自己的家庭亲手毁灭。

FBI探员第一次了解到这个人的暴虐是从他的一个警察同事的口中，据说当时他正用一种极其恶劣的语气命令他的第一任妻子去取一把枪。“如果我用这样的口气说话，我的妻子一定会把枪拿来，然后在我的头上砸成两半，但是看约翰的样子，显然都已经习以为常。”这是调查记录当中这位同事的原话。可见，约翰·阿迪斯已经在一定程度上被暴虐的本性蒙上双眼，忽视了一切亲情、道德甚至法律的存在。要知道，他是个警察，不可能不懂法，所以只可能是在强烈的控制欲驱使下释放了心魔，践踏了法律。

而在内华达州的一位地区检察官看来，约翰·阿迪斯就是一个心里住着魔鬼的男人。他有着自己渴望拥有的东西，但总是在得到之后又忍不住亲手毁掉一切。从约翰·阿迪斯的三次婚姻经历中就可以看出，这个男人对于家庭和孩子有着超乎常人的执着，即使屡次施暴也丝毫没有意识到自己的错误，反而一直认为自己用心良苦。不过万幸的是，那时他的暴虐还只是针对自己的妻子，对孩子们则在一定程度上还是相当尽责的。但之后妻子的离去和对孩子抚养权的丢失使这个男人几乎发狂，所以怀恨在心的他绑架了自己的孩子，并狠心监禁了他们。即便如此，此时的他还只是强烈地希望以自己的方式和孩子们生活在一起。

之后的监狱生活让约翰·阿迪斯意识到自己无法和法律抗衡，所以在出狱后的一段时间里他放弃了自己的坚持，开始专心地做一个爱情骗子。不过，更有可能的是他还在等待机遇，寻找一个更合适做自己妻子的女人。乔安就是他选中的目标，但很显然他的目光并不怎么好，乔安似乎并不愿意被婚姻束缚，抑或是嫌弃约翰的经济状况太差，毕竟在此之前，乔安的约会对象都是一些有钱的成功男人。两个人的矛盾最终导致悲剧的发生，虽然无从得知乔安被害的具体经过，但仅凭在亚利桑那州荒漠中被发现的零散骸骨就可以判断，那绝对是一个令人毛骨悚然的真相。

可怜的劳拉是约翰·阿迪斯选中的又一个结婚目标，至于是否还有其他的女人就不得而知。两人在2003年私奔，直到2006年劳拉和两个孩子死亡，显然中间应该有过一段相对平静的时光。但是，约翰·阿迪斯天性中的暴虐和控制欲终究还是再次爆发，一手摧毁了他孜孜以求的温暖家庭。但这次和以往不同，从前他都是通过暴力强行控制自己的妻子，但这次是通过毒品来进行控制。而约翰·阿迪斯杀掉劳拉的原因也很可能是她的毒瘾发作后变得令他无法接受。约翰是个控制欲极强的人，容不得生活中出现一点与他的希望不符合的东西，但很显然复杂多变的现实生活根本达不到他的预期，所以他才会变得如此暴虐、如此凶残，甚至残害了两个年幼的孩子。

从这一系列案件来看，实际上就是一个拥有强烈控制欲望的男人在不断地试图建立一个自己理想当中的家庭的过程。在这个过程当中，他不断地受到挫折，并且逐渐变得越来越暴虐和残忍，最终在犯罪的泥潭中越陷越深，无法自拔。

犯罪预防指南

在医疗水平极为发达的今天，依然存在很多无法根治的疾病。因此，对于这一类疾病做好预防工作很重要。具体应该如何预防呢？方法大致分为两类：一是远离病毒感染源；二是将其扼杀在萌芽阶段。对于犯罪的预防，同样可以借鉴这些手段。

其一，远离危险。夜店或酒吧之类的地方在某些小说中总被描述得极其诱人，似乎那里就是真命天子的出没地，在那里你可以遇到一切想要遇到的人，可以发生一切想要发生的事情。事实上，那些都属于不切实际的幻想，说到底那就是一个朋友们一起喝酒聊天、缓解压力、打发时间的娱乐场所，并不是什么适合用来交友找真爱的场所，更不是什么适合灌醉自己找陌生人吐露心声的地方。如果把传言信以为真，那么你只可能遇到最不愿意遇到的人，发生最不愿意发生的事情，令你的幻想成为噩梦，从此贻误终生。总而言之一句话，去酒吧可以，但要有理智与节制，不要随随便便把自己喝成一摊烂泥。此外，健身会所似乎同样是一个备受小资青睐的场所。但你可知当一群人锻炼得浑身大汗且身边人都穿着清凉性感的时候，荷尔蒙会把人大部分的理智掩盖起来，并且召唤人心中的野性。如果这时候你发现有个人好像非常热衷在这里交友，那么请离他（她）远一些，去吹吹冷风，让自己清醒一下、理智一些。

当然，我们所谓的远离危险并不是要对某些地方过分小心，唯恐避之不及，而是要学会走好自己的路，对某些事物视而不见。正如走廊的一角开着一束随风招摇的罂粟，如果你对它视而不见，那么对你来说，它也就仅仅是一朵颜色好看的花而已，没有任何的危险成分。

其二，防患于未然。一旦感觉危险正在靠近，不要给自己吃“宽心丸”，不要盲目地自信，告诉自己或许是想多了，有时候想多了不要紧，没想到才是最致命的。无论身在何处，首先要认清现实，充分了解掌握你所面对的境遇，并且冷静判断应对，这样才能拿出最正确的对策。本案中，约翰的第三任妻子看到了自己的丈夫是一个什么样的人，果断地离了婚并申请法律保护，于是她幸免于难，彻底远离危险。乔安不了解自己所面对的是一个什么样的男人，或者说隐隐地有所了解却不是特别在意，所以当她试图像正常人一样向约翰·阿迪斯提出分手时，却发生了惨案。

犯罪心理档案

垃圾袋中的尸体（一）

案发：1995年6月24日，美国伊利诺伊州汉诺威公园，距离芝加哥市区只有45分钟车程。一位警探接到报警之后迅速赶到这里，刚下车就见到一个心急如焚、不知所措的男人。这个男人称自己的两个侄女——20岁的迪泽妮塔和22岁的阿米拉失踪了，而他已经有将近两个礼拜的时间没有见到这两个女孩。这个男人找遍所有她们可能会去的地方，也问遍所有可能见过她们的人，但仍旧一无所获，没有任何人见过这两个女孩，她们仿佛人间蒸发了。阿米拉和迪泽妮塔半年前刚从饱受战争摧残的波斯尼亚和黑塞哥维那（波黑）来到美国，其他的兄弟姐妹已经在战争中死去，为了保证她们的安全，父母决定将这对姐妹送到美国，来投奔她们的叔叔。

刚到美国的时候，两姐妹是和叔叔住在一起的，并很快在一家工厂找到了工作。但没过多久，她们便觉得受不了叔叔的古板和严肃，所以搬出去自己租了一间房子。其实也很好理解，本来两姐妹生活在战火纷飞的波斯尼亚和黑塞哥维那（波黑），每天的日子都过得万分小心，那时候生存是她们唯一的目的。但来到美国之后，从来没有感受过的和平和自由无时无刻不冲击着她们的大脑，一个被压抑久了的人突然得到释放，她们当然不愿意再受到任何约束。正因如此，这对姐妹才不愿受到古板的叔叔的管束而搬了出来。

可是不久之后，两人同时失业了，生活费和房租迫使她们不得不立即寻找下一份工作。这时候，一家购物中心给她们发出了面试邀请，而最后见到她们的人就是送她们去购物中心面试的一个朋友，但没人知道这个人是谁。于是，警探开始询问一切和她们有关的人，曾经的同事、朋友、恋人、邻居以及打过交道的人，但是一无所获。所以，警探推断，这两个女孩会不会因为某种原因跑到其他州去寻找更自由的生活？但是，这一论断很快就被否决。警探在两姐妹租住的房子内进行搜索的时候，没有发现任何要出远门的迹象，家里所有的东西都很正常。不过，她们一直养着的一只猫不见了踪影，警探在她们的家里发现了猫粮和喂猫用的盘子。难道她们是去附近的什么地方游玩去了？这个推论也很快被否决。根据这对姐妹的朋友们的证言，她们每天都会和别人在网上聊很久，从无例外，但自从两个礼拜前，她们却突然销声匿迹。这显得很不寻常，即便是有事离开，她们也不会一声不吭不和任何人打招呼。而远在另一个国家的父母则每周都会和她们通一次电话来互相确认对方的平安，可两周以来，她们的父母一直都联系不到自己的女儿。一切迹象表明，这两个女孩肯定是遇到了什么危险，以至于不能和任何人联系。

相关：与此同时，警方联想到另一起案件：在数个月前，有人报案称在附近的郊区发现了一具年轻女性的尸体残肢，被装在好几个黑色垃圾袋里，并且被扔在不同的地方，那件案子到目前为止还是毫无线索。一联想到阿米拉和迪泽妮塔很可能会遭遇到同样的恐怖经历，警方认为必须想尽一切办法，尽快找到她们，再加上这起案件牵涉外国人，所以必须由 FBI 介入经办。

FBI 对此案也觉得十分棘手。在美国，芝加哥是一个仅次于纽约和洛杉矶的国际性大都市，常住人口过千万，流动人口则更多。想要在这样一个城市追踪一个失踪的人或一个杀人犯是相当困难的，说是大海捞针也不为过。所以，盲目的搜寻是不可行的，想要破案必须找到有力的线索才行。这时候，一个细节引起 FBI 探员的注意——数月前被发现的女性受害者的车被发现就遗弃在两姐妹租住的公寓附近，丢弃汽车的地方距离两姐妹的住处不到 1 千米。如果这两个案子有关联的话，那么，这很可能又是一件惊天大案。

线索：很快，FBI 探员找到两名男性嫌疑人，其中一个是两姐妹其中一人的男朋友，另一个则是她们的好朋友，这是在两姐妹生活中和她们最亲近的两个人。但是案件很快陷入僵局，因为这两个人都通过了测谎实验，他们都被证实和本案无关。可当前只有这一条线索，FBI 探员只能顺藤摸瓜地继续追查下去，很快他们有了新的发现。在两姐妹失业期间，她们遇到一个以前的同事，这个同事告诉她们自己知道一家清洁公司正在招人，于是双方交换了电话号码，并约好第二天有一个女人来接她们去清洁公司面试。面试地点就在格伦代尔海茨的一栋房子里，在那里她们将会帮忙一起做清洁。这和前面提到的去购物中心面试明显不相符，同时接走她们的到底是谁也同样不得而知，调查再次陷入僵局。随后，FBI 探员赶去她们的面试地点进行询问，也没有得到任何有用的线索。

目前仅有的线索就是她们的一个朋友说接走她们的是一个金发女郎。但是，FBI 探员走访了附近的邻居，没有人注意到那天是否有一个金发女子开着一辆车离开。无奈之下，FBI 探员只好再次找到给姐妹俩介绍工作的那个同事，但她也只知道那是一对夫妻开的清洁公司，他们的名字叫保罗·朗格和莎琳·朗格。奇怪的是，当 FBI 探员找到这对夫妻的时候，他们却否认自己开过清洁公司，并且说自己从来没有见过阿米拉和迪泽妮塔，甚至都没有听说过这对姐妹。FBI 探员还是对他们起了疑心，丈夫保罗说话非常圆滑，就像是一个产品推销员，而妻子莎琳以前恰好做过清洁工。就在 FBI 探员对他们的话进行推敲时，又得到另外一个信息——保罗正是前面那起碎尸案的嫌疑人之一，而现在他又和阿米拉与迪泽妮塔的失踪案有了联系，这不能不引起 FBI 探员的重点关注。

更多的疑点：嫌疑人并不是只有保罗一人，FBI 探员在对保罗加强监视之后，开始调查其他嫌疑人。一年过去了，案件没有任何进展。随后，另一起案件进入 FBI 探员的视线：在距离芝加哥市区 20 千米的地方发生了一起火灾事故，消防员闯入火灾现场后发现了一名穿着整齐的女性尸体。这名女性叫作多瑞塔·杜芭克，30 岁，有一个 5 岁的女儿，是一个单亲妈妈，幸亏当天她的女儿不在家，才免于受害。但随后的尸检报告向人们揭示了一个不寻常的真相——这名女子不是被烧死的，而是被勒死的，报告证明在那之前她还遭受过侵犯。凶手在事后给她穿好衣服，然后纵火，使之看起来像是一场意外。

FBI 探员调查了这起案件，多瑞塔的一个朋友说多瑞塔最近正准备卖掉自己的房子，案发当天正好是买家来看房的时间。当天早晨，两人正在通电话，然后多瑞塔告诉她看房的人来了，但这个人给人的感觉很不好，本来说好是夫妻俩一起来的，可现在来的只有一个男人。多瑞塔的朋友问她是否需要立刻报警，多瑞塔却回答应该没事，不过要求她的朋友在5分钟之后再次打电话给她。5分钟之后，这个朋友按照约定打电话给多瑞塔，但是没人接听，于是她立即打电话报了警。就在警察赶往多瑞塔家的时候，消防车也已经在去往那里的路上。FBI探员通过分析发现，这起案件和之前的案件看起来没有丝毫关系，因为杀人手法完全不同。一般来说，连环杀人犯都有着严谨的作案手法，并且有时候会固执到常人难以理解的地步。这个分析结果使FBI探员和警方很沮丧，因为这代表着这座城市里至少有两个杀人凶手，还是非常残忍的那种。但对于第二个凶手，警方同样没有任何线索，多瑞塔的邻居和朋友中间并没有人知道那个看房的男人是谁，长什么样，家住哪里。

关联：纵火案同样没有留下任何线索，因为最开始警方是按照一般火灾案处理的，所以多瑞塔的尸体被冲洗过，缺少了详细调查取证的步骤，这使几乎所有的证据都被消除掉了。虽然这起案件看起来和之前的碎尸案及两姐妹失踪案没有什么关联，却依然有着一个共同点，那就是没有任何人对最有可能的那名嫌疑人有过哪怕一丝一毫的印象。

锁定：FBI探员和警方在长长的嫌疑人名单中不断地进行排除，目标又回到一个人身上，那就是保罗·朗格。在排除掉一切不可能因素之后，似乎所有线索都在说，这个人就是凶手。虽然还没有任何确凿的证据，但FBI探员依然决定深入调查这个人的一切资料，于是，一个肮脏的过去被揭开。保罗在17岁的时候欺侮过一名14岁的少女，手段非常残忍，更有甚者，在他施暴的时候，他的父母都在家里。后来，那个女孩在逃走的时候被邻居所救，保罗因此被判处有期徒刑14年。在阿米拉和迪泽妮塔姐妹失踪的前一年他刚好假释出狱。

这样的经历使FBI探员几乎可以认定凶手就是保罗。FBI探员秘密搜索了他的车子，却没有找到任何有用的线索，只是在车子的后备厢里发现了一些血迹，却不能用作DNA分析。没有任何证据可以申请对他的逮捕令，FBI探员能做的就只有定期监视保罗和他的妻子莎琳，如秘密跟踪他们或者窃听他们的所有通话。可监视他们的FBI探员不仅一无所获，甚至被保罗发觉。比如，有一次，他特别匆忙地带着一个行李箱赶去机场，但当FBI探员拦住他的时候，却发现行李箱中只有一些玩具娃娃。在某次通话中，他甚至会说："我知道你们在监听，但是你们找不到任何证据，祝你们过得愉快。"无奈之下，FBI派去一名女探员试图接近保罗，但同样被很快识破。最后FBI探员甚至开始怀疑他们的判断是否出现错误，保罗其实并不是凶手。

又一起案件：1997年2月3日，在芝加哥北拉勒米大道，消防员刚刚扑灭了一场大火，并在火灾现场发现了两名死者——35岁的单身母亲尤兰达·古提蕾丝和她10岁的女儿杰西卡·姆尼兹。母女俩躺在同一张床上，都被绑了起来，并且遭受过侵犯。尽管看起来这件案子和之前的多瑞塔被杀案件非常相似，但警方从作案手法上分析得出这并不是同一人所为，因纵火焚毁现场是一种惯用的手法。随后，警方调查了所有和这对母女有过接触的男人，没有任何人的DNA与残留在杰西卡身上的精液相符合。

突破：芝加哥警方有DNA样本没有嫌疑人，而汉诺威公园这边却是有嫌疑人没有证据。双方没有办法把案件联系在一起，即便是芝加哥警方自己都不一定会把发生在同一座城市的两起纵火杀人案联系在一起。经过短暂的间断之后，FBI探员对保罗的监控越来越严密，甚至对于保罗每天扔掉的垃圾都会进行仔细检查，在经历一年的无用监控之后，他们终于发现了新的线索：FBI探员在垃圾中发现了一张纸条，上面有阿米拉等人的名字和电话，还有一些不完整的地址。笔迹专家鉴定后表明，这些字迹属于莎琳。这至少可以证明朗格夫妇说他们不认识阿米拉姐妹是在撒谎，而纸条上的内容也证实他们的公司确实有清洁服务，甚至在纸条上可以得到完整的指纹作为证据。但当FBI行动小组将逮捕申请寄回总部的时候，却被迎头泼了一盆冷水，因为无论是电话还是其他字条，都不过是间接证据，并不能证明是保罗杀害了阿米拉姐妹，所以无法申请到逮捕令。即便如此，FBI探员还是申请了搜查令，在保罗的住处，他们发现了一些令人震惊的东西：弩箭、高压电枪、兰博刀等，这些东西被悉数送到实验室做检验，希望可以找到逮捕朗格夫妇的证据。他们却再次失望了，在这上面并没有找到任何有用的线索。

转变：FBI探员决定转变方式，他们不再把主要精力放在对保罗的监控上，而是决定扩大调查范围，通过一些可能的方式去获得可以抓捕保罗的证据，这一次，他们把突破的重点放在莎琳身上。然而就在此时，又一起案件发生了：1997年3月，在芝加哥肯尼斯大道，一名女子在自己准备出售的房子的浴室里被强奸并杀害，然后被纵火毁尸灭迹。与之前不同的是，这名死者体格比较健壮，所以与凶手进行了激烈的对抗。芝加哥警方终于把三起纵火案联系在一起，他们认为这是一个有组织的连环杀人案，而在这个组织里则可能有着若干名杀人犯。市区的芝加哥警方和郊区的FBI探员特遣小组依旧在不停地分头进行调查，虽然他们都很沮丧。而被逼急了的FBI探员则使用另一个办法把保罗关进监狱，他们找到了保罗的假释官，向其出示了一些证据，尤其是关于保罗拥有大量杀伤性武器的证据。

当保罗被重新关进监狱之后，FBI特遣小组终于可以把全部精力都放在莎琳身上。他们几乎可以确定莎琳绝对参与了保罗的犯罪。迫于FBI探员的压力，莎琳最终说出一个令人毛骨悚然的真相。

证据：莎琳承认自己就是当天开车接走阿米拉姐妹的那个女人。当她把两姐妹送到之后，就一直在房子外面吸烟。其间，两姐妹之一曾尖叫着跑了出来，但还是被保罗抓了回去。莎琳说之后自己便开车离开，等到晚上回去的时候，她发现地下室多了几个黑色的垃圾袋，她怀疑保罗将两个女孩杀害了。

就在FBI探员有了突破的时候，芝加哥警方也有了惊人的发现。他们在判断出可能存在一个连环杀人组织之后同样找到了FBI探员，并且在资料库里找到与杰西卡身上的精液所匹配的DNA资料，这个人就是保罗，两起案件终于正式有了汇合。但是，关于阿米拉姐妹的案件依然没有决定性的证据，两姐妹的尸体在一年前就被扔到垃圾处理站，现在显然是很难找到了。所以，FBI 探员决定采取一些手段：先做出 FBI 探员没有任何证据的假象，此时的保罗并不知道自己的妻子已经成了证人。然后，由芝加哥警方出面向其询问关于纵火案的事情，并且假装依然没有任何线索，保罗会激烈地否认他和纵火案有关，随后警方出其不意地向其出示关于 DNA 对比的检测报告，就这样保罗的心理防线崩溃了。FBI 犯罪心理侧写员告诉特勤小组，这个人同意所有的指证，但是不会承认任何东西，并且表明这个人极喜欢玩弄别人。但这一次，这个自以为可以玩弄所有人的罪犯被参与案件的 FBI 探员调侃：除非犯人是来自平行宇宙的另一个保罗，否则面对如山铁证，他只能认罪。

真相：随后，FBI 探员利用同样的手法使其承认汉诺威公园的碎尸案以及阿米拉姐妹的失踪案都是他一人所为，包括在芝加哥其侵犯并杀害了多名女子。保罗清楚地知道 FBI 探员当时并没有跟踪他，他是偷偷跑到市区作案的。在供述的过程中，保罗十分淡然地叙述着自己是如何侵犯并且杀害对人充满信任的阿米拉姐妹，语气中没有一丝愧疚。而在供述杀害杰西卡母女的过程时，简直就像是在向别人讲述一个自认为很精彩的故事，完全没有一个杀人犯应有的忏悔之意，他甚至将杀害每一个人的每一个细节都完整地描述出来，不带任何情绪波动。

保罗·朗格最后被判处死刑。但因为伊利诺伊州随后废除了死刑，所以保罗被改判终身监禁并不得以任何理由假释或保释。

犯罪心理分析

首先，FBI犯罪心理侧写员针对保罗·朗格给出一个很特别的答案：这是一个与任何连环杀手都不同的罪犯，甚至之前的经验在他这里不起丝毫作用。他拥有一般连环杀人犯的欲望和残忍，却没有一般连环杀人犯的执着与骄傲。是的，连环杀人犯大多有着属于自己的骄傲，他们认为没有任何人能够抓到他们，所以总是执着于同样的杀人手法，并且不断地去完善它；对于一些不符合自己规矩的东西，往往有着极强的抵触和愤怒。但保罗不同，他同样十分得意于自己的“杰作”，却并没有那些无谓的执着和坚持。在前两起案件当中，他在自己的家里杀人，但自从FBI探员盯上他之后，却突然改变了惯用的杀人手法，潜到芝加哥用纵火的方式来掩盖自己的罪行。虽然FBI探员一度被他玩弄得十分狼狈，但他与其他的连环杀人犯有着本质的不同——他害怕警察，害怕自己的罪行被发现。

其次，上面的不同造就了一个更可怕的凶手。一般来说，其他的连环杀人犯杀人几乎都有着一定的社会因素，比如，受到过某种刺激，或者遭受过不公正待遇，或者其他的一些原因。但就保罗来说，并没有任何可以探寻到的社会因素存在，他之所以杀人完全是出自骨子里的残忍与罪恶。正如FBI犯罪心理学家分析的那样，保罗基本上可以不被看作一个人，而是一个彻头彻尾的恶魔，杀戮与暴虐几乎是他天生的。从他的认罪过程当中，我们可以发现，这是个几乎对杀人没有任何心理障碍的人。其他一些连环杀人案的凶手总会在自身的经历中找出某些东西来使自己的杀人变得合理化，我们称之为“反社会属性”。

但从保罗的经历来看，很难想象能有什么影响得了他的世界观。但看他对待杀人的态度，他似乎已经超越反社会，而成了反人类。

最后，案件中还有一些细节存在些许疑问，那就是17岁的保罗在欺侮14岁女孩时，他的父母是在家的，那就说明他们对此应该是知情的，这就很能说明问题了。人类之所以区别于一般动物就是因为他们有自我意识，并且能够使用工具。而这个自我意识就是用来约束自己的兽性，毕竟人也是动物，同样拥有兽性。但正因为人类有自我意识，所以在受到后天的教育后，就会约束自己去做一个有准则、守规矩的人。但从有限的资料来看，保罗的父母始终对其持一种纵容的态度，并没有对其大力地引导和管教。虽然不能完全把保罗的罪行归咎于他的父母，但保罗最终走到这个地步，他们无疑是有责任的。“子不教，父之过”，虽然面对自己的亲生骨肉，很多父母都会选择护短，但那些看到孩子已经触犯法律却依然不管不顾的父母，很显然是不称职、不合格的。从屡次犯案却一直无法找到证据来看，保罗无疑是一个极聪明的人，但这样聪明的大脑被用来害人性命、规避法律制裁，这一现象不能不引起我们的深思与反省。

犯罪预防指南

想要预防类似的危险，就会涉及一个极为重要的问题——怎样识人？怎样在保护自己的基础上与人正常交往？我们常说信任是一种美德，但这仍旧要求我们有区别地去信任他人。有些人天生就有一种亲和力，而有些人却可以伪装出来。当一个看起来非常有亲和力的人提出要帮忙的时候，你一定要提高自己的警惕。“害人之心不可有，防人之心不可无”，这世界上并没有无缘无故的爱恨情仇，哪怕是对方描述的理由再充分可信，你也要开动脑筋，站在怀疑的角度上仔细分析、反复推敲。

还有一些人愿意付出信任看的不是这个人的本质，而是外在，就如同时下流行的一句话“重点是颜值高”。人们总是很容易相信一些外表符合自己想象的存在，如一个人看起来孔武有力，所以很容易给人以安全感，但当真的遇到危险的时候，挡在你面前的很可能只是一个看起来弱不禁风的平常人。即便如此，柜台前的帅哥美女总是更容易吸引一些顾客去围观、光顾，这似乎是一种人类的通病。但我们还是要警惕，在投以信任之前，我们需要看的并不只是外表，而是对方的行为和言语。这一点老辈人早有识人之智，如武侠小说中最厉害的是什么人？绝对不是那些胳膊上能跑马、拳头上能站人或者太阳穴鼓鼓的壮汉，反而是反差极大的柔弱之人。

最后一点就是老生常谈了，我们必须提高自己的安全意识。就拿本案中的多瑞塔来说，据与她通电话的朋友回忆，当时她已经觉得眼前的男子给人一种很危险的感觉，却依然拒绝了朋友报警的建议，贸然让这个陌生男子进了自己的家门。这就是为什么有些人总是想着应该会没事，应该不会这么倒霉，但很多意外偏偏就会发生的原因，就是这个想当然的“没事”经常会导致一些不可挽回的后果。所以，在自身安全方面，绝对马虎大意不得，不要去想什么“应该”“或许”，而是要三思而后行，确保反复确认、绝对肯定。

垃圾袋中的尸体（二）

案发：2007 年 10 月 29 日，在美国得克萨斯州加尔维斯顿县，一个名叫罗伯特·斯宾的男人正开着自己的小渔船捕鱼，时间大概是晚上 10 点 30 分。不过，这一天他的运气似乎并不怎么好，河里风浪比较大，罗伯特什么也没有捕到。因此，他决定再往远处走走，去他平时不怎么去的一个小岛附近试试看。新的环境并没有带来好的运气，罗伯特依旧没有什么收获，水面不停地涌动，一片漆黑之中几乎什么也看不到，只能拿着探照灯四处晃来晃去。突然，他发现不远处漂着一个蓝色箱子之类的东西，眼看继续下去也是浪费时间，他索性放弃捕鱼决定过去看看那到底是什么。此时的罗伯特只是好奇箱子里面装着什么，浑然不知自己即将遇到今天最倒霉的一件事情……

垃圾袋中的女孩：加尔维斯顿警局的电话突然凄厉地响了起来，听筒那头一阵急促的声音传来："是警局吗？我在西海岸的一处小岛上发现了一具尸体。"警情就是命令，加尔维斯顿警局立刻派警察前往报案人所说的地点。当警察到达的时候，看到一个男人神情呆滞地站在那里，他的旁边有一个蓝色置物箱，箱子里是一个黑色的垃圾袋，垃圾袋撕破的一角露出一只孩子的脚。箱子里是一个很小的孩子，凭穿着判断像是个女孩子，看样子已经死去很久。

是杀人抛尸，还是意外死亡之后被人抛尸？警察一边思考着这个问题，一边搜寻着整座小岛。如果是有人把这个箱子扔到这里，那么应该会留下痕迹。但遗憾的是，警察什么都没有发现。无奈之下，他们只能带着尸体先回到警局。

死因：尸体的腐烂程度非常严重，再加上长期在水中浸泡，几乎已经无法辨认原来的样貌。法医对尸体进行了详细的鉴定，死者是个女孩，年龄在2岁到5岁之间。而对于死因，警察听到了他们最不愿意听到的消息——可以确信这个孩子是被蓄意谋杀的。致命的伤害是头部受到的撞击，但是不同于摔倒之后的撞击，也不是从高处坠落后受到的撞击，而是被人用钝器击中后留下的撞击痕迹，这就意味着警局必须找到一个残忍到连小孩都杀害的杀人凶手。

虽然确定这是一桩谋杀案件，但线索极其有限，可以说警方基本上什么都不知道，比如，这个小女孩叫什么、家在哪里等。所以，警方必须先找到孩子的父母，这样就可以知道孩子和谁生活在一起，从而找到有可能犯罪的嫌疑人，进一步了解究竟发生了什么事情。但是，要调查孩子的父母是谁同样很困难，因为相符合的时间段内，整个加尔维斯顿警局都没有人来报案说丢失了孩子。更糟糕的是，离发现尸体的地方不远处就是一个国际港口，每天往来的船只非常多。警察甚至不能准确判断这个孩子到底是不是美国人，他们只能求助于信息来源更为强大的FBI，请他们前来协助办案。

调查：FBI探员搜寻了整个得克萨斯州以及附近地区的失踪人口档

案，但依旧没有符合的名字，然后又在全国范围内开始排查。与此同时，他们做出死者的外貌复原图，并且加上其被发现时候的穿着，让媒体进行报道，希望可以有认识这个孩子的人提供信息。信息一经公开，警局和 FBI 的办公室内每天都有大量的电话打进，其中有好几个月没见到自己孙女的爷爷，也有好几周没有见到自己孩子的爸爸妈妈……各种各样的情况都有，他们都害怕出事的就是自己的孩子。这令 FBI 的案件负责人一时间有些头大，竟然有如此多的家庭丢失年幼的孩子吗？

FBI 探员用最快的速度进行着信息的筛选，功夫不负有心人，很快，一条来自拉马克的线索引起 FBI 探员的注意。一个男子说自己以前见过一户人家的孩子和警方发现的那个孩子很像，但是他们在不久之前搬走了。警方迅速搜查了整间屋子，发现屋里非常凌乱，似乎主人走得很匆忙，桌子上还有没吃完的比萨，房间内还散落着小孩子的衣服。这户人家确实非常可疑，但是一时间，FBI 探员也无从得知房子主人的下落。就在 FBI 探员集中精力追寻这户人家的下落时，又一条线索引起了他们的注意。举报人是一家汽车旅店的老板，他的一间房子租给一对夫妇，但是这对夫妇超过一个礼拜没有回去了，于是老板命人去清扫房间。在房间里有很多小孩子的东西，但是周围人从来没见过这对夫妇带着孩子。此外，旅馆清洁员还在房间里发现了一个相册，相册里全是小孩子的照片，而照片上的孩子和警方的复原图看起来非常相似。

FBI 探员动用了庞大的资源，并且用最快的速度调查了这两条线索。遗憾的是，最终结果表明，这两条线索都和在小岛上找到的女孩没有任何关系，线索再次中断。

就在所有人都一筹莫展的时候，FBI 探员接到一个电话，报案人认为警方发现的那个孩子是一个失踪的 4 岁英国女孩，这个女孩名叫玛德琳·麦卡恩。玛德琳是在同一年 5 月的时候被人从卧室偷走的，当时她的父母正在葡萄牙度假。因为某些原因，这起案件引起西班牙和葡萄牙政府的高度重视。在看到美国媒体的报道之后，葡萄牙警方和 FBI 取得联系，并且把玛德琳的 DNA 邮寄过来。但遗憾的是，经过检测，双方并不匹配，警方发现的女孩并不是玛德琳。

所有办案人员都十分着急，因为不要说抓到凶手，现在连死者的一些基本信息都无法得知，所有人如同大海捞针一般地四处奔走，寻找线索。

发现线索：就在所有人都毫无头绪的时候，两个渔民终于带来了令案情出现转机的线索。就在死者被发现之前，这两个人在西海湾钓鱼的时候曾经看到一男一女开着一艘船出了海，当时他们的船上就放着一个蓝色的箱子。大约一个小时之后他们再回来时，那个女人在不停地哭，但是船上的蓝色箱子不见了。遗憾的是，两个渔民并没有记住他们的船号。FBI 探员一边开始搜寻那对神秘的男女，一边安排其中一名渔民参加小女孩的追悼会。他们觉得那对神秘男女很有可能会去参加。果然，在追悼会上，FBI 探员注意到了一个举止怪异的女子，这名女子看起来一副心事重重的样子。可就在 FBI 探员去找目击者渔民准备让他辨认的时候，这个女人却突然消失了。那么，这个消失的女人和小岛上发现的尸体会有关系吗？

FBI 探员在寻找孩子的父母无果之后，大胆地做出一个恐怖的推测：杀死这个孩子的凶手就是她家庭里的某个成员，她的父亲或母亲，否则不会这么长时间没人寻找自家的孩子。

在FBI调查的同时，距离案发地点1500千米外的俄亥俄州，一位名叫谢乐尔的中年女子正在浏览网页。当她看到警方公布在网络上的照片时，觉得这个女孩非常熟悉。在警方的复原图当中，小女孩穿着一身粉色的连衣裙，还有一双紫色的鞋子，在她的印象中，自己曾经给两岁的孙女莱利·安买过这么一身衣服。本来莱利是和祖母谢乐尔生活在一起的，但是她的儿子罗伯特和前妻金伯莉离异后却因为孩子的抚养权产生纠纷，所以几个月之前金伯莉带着莱利不见了踪迹。FBI探员从罗伯特那里了解到，后来金伯莉和一名叫作罗伊斯·齐格勒的男子结了婚，并且带着莱利搬到得克萨斯州。

FBI探员对这条线索非常重视，他们认为那个小女孩很可能就是莱利·安，而首先要做的就是找到莱利·安的母亲和继父。但是，当FBI探员找到罗伊斯的时候，他却声称因为自己被卷入性侵案件，所以莱利被俄亥俄州的儿童保护机构带走了。金伯莉则在一旁证实自己丈夫的话，并且出具了一份署名俄亥俄州儿童保护机构的文件。但是，FBI探员不相信这两个人，因为每个了解法律的人都知道，当他们搬到得克萨斯州之后，有权利带走莱利的只有得克萨斯州的儿童保护机构，而不是俄亥俄州的儿童保护机构。

但为了谨慎起见，FBI探员还是发函询问了俄亥俄州的儿童保护机构，看他们是否真的带走莱利·安。事实证明FBI探员的判断，根据回函可以看出，莱利·安并没有被带到俄亥俄州的儿童保护机构。此时，这对夫妇变得更加有嫌疑，而且FBI探员认为莱利·安就是小岛上发现的那个小女孩。FBI 探员一边要求金伯莉协助调查，一边取得了她的 DNA 与女孩进行对比。

真相：在金伯莉的证词当中，FBI 探员渐渐了解到事情的真相。她本来和前夫罗伯特感情非常好，也非常喜欢自己的女儿。但是后来两人因为一些原因离婚了，金伯莉开始和自己的网络情人罗伊斯同居。这期间，罗伊斯知道金伯莉不想失去莱利，所以他请律师帮忙赢了官司，使莱利能和他们一起生活。但是，这样看似美满的生活并没能维持多久。结婚之后，罗伊斯似乎突然失去了全部耐心，他开始严厉地斥责莱利，一个两岁孩子的淘气竟然被他认为是品行不端。他甚至开始虐待莱利，用皮带抽莱利，并且大声地辱骂，但这还不够，金伯莉也必须加入虐待的行列来取悦罗伊斯才能使罗伊斯感到满足。罗伊斯曾要求金伯莉把莱利的头按在开到最大的水龙头下面冲洗，金伯莉照做了，除此之外，基本上罗伊斯的所有暴行都被金伯莉在莱利身上重新做了一遍。

暴行一直在持续，中间虽然有过短暂的停歇，但是不久之后便会继续开始，直到莱利彻底崩溃。她的身体开始变得冰冷，但是金伯莉只认为是天气太冷的缘故，就这样莱利死在金伯莉的怀中。“罗伊斯一直试图让莱利站起来，但是她做不到，她已经没有了呼吸。”金伯莉在供述的过程当中泣不成声。

令 FBI 探员惊讶的还不止于此，在莱利死后，金伯莉竟然没有一点要报警的意思，而是买来黑色的垃圾袋和一个蓝色的塑料置物箱。他们先用漂白剂给莱利清洗干净，消除掉了所有不属于莱利的 DNA

痕迹，并为其换上了干净的衣服，将她装进垃圾袋和置物箱里，然后将其扔在垃圾堆当中长达两个月之久。但是，在这样的炎炎夏日尸体很快就腐烂了，一股难闻的味道四处飘散。为了彻底消除隐患，两人决定将箱子扔到河里。

FBI 探员听完金伯莉的供述之后久久无言，他们不知道该用什么样的心情和语言来形容这个女人。但是，案情并没有就此结束。金伯莉告诉探员，罗伊斯在警察上门之后曾经试图自杀，并留有遗书，遗书中他承认了自己犯下的残酷罪行。

但当 FBI 探员逮捕罗伊斯之后，罗伊斯说了一个和金伯莉所叙述的完全不同的真相。当天他生病请假在家，突然听到莱利的叫喊，当他出去的时候，莱利已经被金伯莉虐待得惨不忍睹。而后面的情节则大同小异，不过主导人变成金伯莉，只有抛尸是罗伊斯提出的。

FBI 探员必须从两人的证言当中发现谁在说谎，而事实的真相到底如何还需要更进一步的调查。

在金伯莉的电脑中，警方发现了伪造的来自儿童保护机构的文件，而她所说的遗书也被找到。经过 FBI 笔迹专家鉴定，遗书确实是罗伊斯所写，而其中还包括罗伊斯写给莱利的几条规矩，大部分都很不合理，其中一些确实涉及虐待儿童。似乎一切的线索都指向了罗伊斯，而金伯莉则没有什么指控，但陪审团并不准备放过她。

陪审员认为："作为一个孩子的母亲，在莱利受到虐待的时候，她并没有去阻止悲剧的发生，反而是主动参与进去，她也是谋杀莱利的凶手之一。"但这时候有一个惊人的消息传来——金伯莉怀孕了。她试图利用肚子里的孩子来博取法官的轻判，但是法官并没有因此而手下留情。两人最终都以杀人罪被判处无期徒刑，其中罗伊斯不得假释，而他们的孩子则由亲戚来代为抚养。

犯罪心理分析

首先，本案可以被定性为一起虐待儿童案件。虐待儿童的动机有很多种，最常见的一种是控制欲的驱使，而罗伊斯就属于这一类型。从案件当中可以看出，他对莱利的虐待并不是毫无缘由的，也不是随便找一些借口来施暴，而是貌似规范地制定了一些相当苛责的规矩。

对一个两岁的孩子来说，莱利不光没有善恶观，甚至根本无法判断自己的行为代表什么，会带来什么样的结果。而监护人的职责之一就是引导和规范，让孩子不要做出不合理的举止和行为。在罗伊斯的意识当中，作为一个监护人，就有义务和权利去“管教”孩子，就应该给他们立规矩，这也正是悲剧发生的源头。

一个不会教育孩子的人试图去给一个年幼的孩子定下一些规矩，这本来就是一件很危险的事。小孩子的淘气本是件极正常的事情，很多孩子在小时候都有过抓人或打人的举动，而且不论是谁都“毫不留情”。这不过是因为他们并不知道自己的行为会带来什么样的后果，所以才需要监护人从旁引导，去告诉他们是非。但需要注意的是，这些看似恶劣的行为只是源于孩子的淘气和好奇，而并非像罗伊斯想的那样，把类似的情形定性为品行不端。由此可以看出，罗伊斯是一个控制欲极强的人，并不是一个合格的监护人，也无法很好地抚养一个孩子。

事实上不仅如此，如果只是控制欲驱使倒也不会导致莱利·安的最终死亡，在罗伊斯的心底隐藏着暴虐和残忍的因子。一个两岁的孩子面对一个成年人是毫无抵抗力的，甚至也无法在语言上进行反驳。所以，罗伊斯应该很享受那种成就感，可以随意大声斥责莱利，来发泄自己心中的狂躁和愤懑。案件当中并没有详细描述，但可以分析出罗伊斯应该是受到什么挫折，如事业上的失败等，所以莱利很不幸地成了他的出气筒。

其次，再说一下金伯莉。从最开始金伯莉可能与莱利·安的被害有关到后来的如实供述阶段，金伯莉的前夫罗伯特以及谢乐尔一直很难相信他们所见到的就是事实。因为在他们的眼里，金伯莉是一个温柔善良的女子，爱生活，也爱自己的孩子。

都说母爱很伟大，但是在金伯莉的身上似乎找不到一丝与母爱的关联。从她的行为可以看出，金伯莉是一个只能依附于别人、无法独立生存的人。针对她帮助罗伊斯来虐待亲生女儿的事实，FBI 探员是这样判断的：金伯莉离不开自己的情人罗伊斯，如果反对他虐待莱利，那么自己就有可能失去罗伊斯，抑或是失去罗伊斯带给她的一种生活状态，显然她很享受这种状态；但是，鱼和熊掌不可兼得，想要保住目前的生活状态，就必须付出牺牲莱利的代价。因此，在两相取舍中，莱利就这样被她放弃了。依附于人的金伯莉无法独立生活，又或者是从来没想过靠自己来获取想要的生活，最起码在她的心里一直认为自己必须依赖于其他人才能够生存下去。

从这些细节又可以看出，金伯莉是一个极度自私的人，伟大的母爱根本不可能存在于她的意识之中。最开始，她很喜欢有莱利的生活，所以她通过官司赢得了莱利的抚养权，这并不能证明她爱莱利，只能说莱利是她生活中一个不可缺少的道具。但是，当她第二次结婚之后，她更喜欢的是罗伊斯带给她的那种生活状态。为了维持这种状态，她毫不犹豫地牺牲了相对来说已经不重要的莱利。

一些陪审员认为她也许是因为爱罗伊斯才会做出如此不可理喻的事情。但是，在警方找到金伯莉询问的时候，她把整个过程巨细无遗地告诉警方，坦坦荡荡地出卖了自己的爱人，没有一丝为罗伊斯开脱的言辞。我们甚至可以由此判断，当时她供述称只有跟着一起虐待莱利，罗伊斯才能够满足，可能也只是她的片面之词，她甚至可能是自愿的，虐待莱利只是为了迎合罗伊斯，讨其欢心罢了。

最后要说的是，在整起案件当中，罗伊斯和金伯莉似乎从来没有把莱利当成一个活生生的人。这对可以花一整天时间来虐待一个两岁孩子的夫妇，已经没有什么词语能够形容他们。加之莱利死后，两人像扔垃圾一样的处理方式简直让人从心底感到一阵深深的寒冷与恶意。很显然，这是一种对生命的极度漠视，也许这也正是陪审团一致认为即便已经怀孕，金伯莉也必须被判处无期徒刑的原因。

犯罪预防指南

在逮捕罗伊斯之后，一位有着20多年处理侵害儿童案件经验的探员说过这样一句话：“每当这个时候，你才会发现监督的重要性。但是每当事件过去，监督又会被所有人抛之脑后。”可见，预防侵害儿童案件发生的最重要的措施就是监督，因为儿童根本无法拥有足够的自我保护的意识和能力。

美国设有专门的儿童保护协会，每当孩子的监护人当中有人触犯了法律，或者受到类似侵害儿童的指控之时，他们就会派出专员来带走孩子以保证孩子的安全。在美剧《别对我说谎》中，一位父亲被指控性侵未成年人，她的女儿很快就被儿童保护组织带走，而一旦指控成立，那么他将会永远失去对女儿的抚养权和监护权。

靠公民自觉履行义务显然不足以遏制侵害儿童案件的发生，所以更需要一些职能部门的强力介入。比如，由教育部门定期对学生进行心理辅导和问卷调查，一旦发现疑似案例便立即介入调查等。

我国社会中有这样一种传统，那就是年轻人一般会将孩子交给父母来照顾。这其实有好的一面，其中最重要的就是老人有足够的时间、耐心以及经验。有了充足的时间，就能够尽可能地时刻保护孩子的安全；有了足够的耐心，就不会因为些许小事将教育变成虐待；有了丰富的经验，则会使他们能够应付孩子生活中出现的大多数状况，而不至于手足无措。如果能够把这些经验推而广之让每一对年轻父母都学会、学懂，那么在教育孩子的问题上，也会减少很多问题的出现。

犯罪心理档案

波士顿连环勒喉悬案

案发：1962 年 6 月 14 日，家住波士顿的年轻姑娘萨利文出门为家人购买生日礼物。出门之前，她用一大堆神秘的词语向家人形容自己准备要买的礼物。于是，家人一边一头雾水地猜测萨利文会带来什么样的惊喜，一边等待着她的归来，但他们左等右等始终不见其踪影。直到第二天，意识到情况不对的家人向当地警局报了案。警察开始四处寻找这个年仅 19 岁的姑娘，却一无所获。几天后噩耗传来，有人在东湾发现了一具年轻女子的尸体，萨利文的侄子舍曼前去辨认。那具女尸确实是萨利文，被发现的时候是一副衣冠不整的样子，法医的鉴定结果表明她是在受到侵犯之后被勒死的。

就在萨利文一家沉浸于巨大的悲伤时，警察也在四处查找线索。谁料，悲剧再次发生，这次同样是一名女子，同样是被侵犯之后勒死的，两起案件的作案手法如出一辙。在警方并案侦查的同时，悲剧却在不断地发生，在之后的一年半中，至少有 10 名女性被嫌疑人用相同的手法杀害，不光手段残忍，其作案频率之高也令人咋舌。遗憾的是，在如此高的作案频率之下，警方竟然没有找到一丝有价值的线索，案件依然处于茫然阶段。

调查：频繁且残忍的连环杀人案使得整个波士顿上空笼罩着恐惧的阴云，似乎随时随地都有可能出现一只手勒住自己的喉咙，把自己拖向地狱。人们在恐惧中渐渐失去了耐心和理智，可除了受害者都是女性这一点，凶手作案并没有任何规律可循。如果当时的FBI专家能够做出具有参考价值的地理分析侧写和犯罪心理侧写，或许会对破案起到极大的推动作用，但遗憾的是，当时并没有这样的分析手段，或者说一切技术都还非常不成熟，无法投入实际的案件侦破当中。一时间，有钱人在出门的时候总是带着成群结队的狗作为保镖，因为她们甚至不能确定凶手是否会混在自己的保镖队伍当中。而平民只能在出行的时候尽量结伴，并且一直缩着脑袋四处张望，整个波士顿风声鹤唳、草木皆兵。

被这种诡异的气氛长期笼罩的波士顿，在一些过度恐惧的人心中，就是在过着一种早上出门、晚上不知道能不能回来的没有一丝希望的日子。而一位少年被激怒了，不仅因为警方对案件的侦破迟迟没有进展，更是因为罪犯这种不顾法律和道德而四处作案的行为。他就是萨利文的侄子舍曼，当时去犯罪现场认过尸。在他接下来的人生中，舍曼投入工作之余的全部时间来追踪这名逍遥法外的凶手。

意外的突破和转折：1964年11月，一个名叫德萨尔多的美国人因为多起强奸和盗窃案被捕。6个月之后，这名罪犯在州立医院向自己的律师坦白说，他就是波士顿连环勒喉案的凶手。媒体一片哗然，为了抢新闻，几乎所有的媒体都在第一时间报道了自己所接触到的事实，这其中不乏添油加醋和胡乱猜测。于是，人们都知道几年前在波士顿接连杀死至少11名女性的残忍凶手叫作德萨尔多。对此，警方和律师并没有透露更多的细节，所以民众也无法做出更多的分析和猜测，因此也没有人去质疑。从另一方面讲，在人们的潜意识当中，大概没有人会无端地把如此凶残的罪强行加在自己身上，尤其是这种臭名昭著且不可饶恕的犯罪。可最终因为证据不足，警方无法对其提起诉讼，德萨尔多竟然被无罪释放。法律就是这样冰冷，即便你知道眼前的人就是凶手，甚至这个人都很高调地承认，但只要你找不到证据，他就尽可以大声嘲笑你的无能，并且继续逍遥法外。

德萨尔多的确是一个十足的恶棍，但他却有一个在一定程度上来讲颇为正直的哥哥理查德，德萨尔多十分敬畏自己的哥哥。当得知德萨尔多承认波士顿连环勒喉案的罪行之后，理查德怒不可遏，第一时间前去责问弟弟。对外人可以做到游刃有余，但是面对来自哥哥怒气冲冲的责问，德萨尔多只好吐露实情：他其实并不是波士顿连环勒喉案的凶手，只是在闹着玩，因为那件案子流传较广，细节方面也广为人知，所以他就趁机揽在自己身上。况且很多媒体都对波士顿连环勒喉案件感兴趣，如果承认自己就是凶手，那么说不定可以通过卖给这些媒体第一手的消息来赚取大把的金钱。

就在理查德差点气疯的同时，一直在不停地追踪犯人的舍曼同样发现了问题：在波士顿连环勒喉案当中，每一次凶手都会将死者的嘴巴堵上。德萨尔多在向自己的律师坦白时，也提到了这一细节："……我将她们的嘴巴堵上，就是希望她们不论是上天堂还是下地狱都无法开口，这样就不会有任何人知道我就是罪犯了……"作为地方新闻的制作人，并且多年如一日地致力于追踪罪犯，舍曼通过自己的渠道获得了部分德萨尔多坦白时的录音。但是，更加熟悉案情的舍曼发现德萨尔多的供词全部都是谎言：首先开篇时就提到过，萨利文和之后受害的诸多女性都是“受到异物强奸”,这是很不起眼但非常关键的一点，而德萨尔多只是一个单纯的强奸犯，两者并不相同。其次，在德萨尔多的案件中，舍曼发现法医的鉴定报告中表明其并没有将任何遗留物留在被害者身上，而在波士顿连环勒喉案件当中，被害者的体内则被塞满各种杂物，这足以证明两起案件的罪犯并不是同一个人。除此之外，一个连环杀人案的凶手又怎么会在后来的案件中放过自己的受害者，毕竟由杀人狂变成一个单纯的强奸犯是一件很不可思议的事情。虽然舍曼和家人都希望德萨尔多就是那个穷凶极恶的罪犯，但是他们都理智地意识到真凶依然逍遥法外。对于这一点，FBI 探员肯定也意识到了，不然他们怎么可能让德萨尔多那么轻松地被无罪释放，但是真凶一直无法找到，他们也乐于见到有人主动认罪以减轻办案的压力。

也有人认为可能罪犯后来改变了风格，但这几乎是不可能的。FBI 犯罪行为分析专家在经过大量的罪案分析之后得出这样一个结论：一起连环杀人案的凶手可能会在合理的范围内在自己原先的犯案手法的基础上进行升级，但绝对不会改变风格，他们在某一方面有着出乎常人意料的执着。比如，在被媒体曝光的一起连环杀人案当中，罪犯曾经一度穷困到无法吃饱饭的地步，但从始至终没有在杀人之余进行过一次偷窃行为，这是常人很难理解的一件事。

新的嫌疑人：在舍曼得出自己的结论后，德萨尔多的哥哥理查德却没有被弟弟不知从哪儿来的自信说服，在哥哥的反复追问之下，德萨尔多承认自己认识波士顿连环勒喉案的凶手，他是自己的一个朋友，名叫乔治·奈赛尔。于是，理查德拜访了这个叫奈赛尔的人。当时，奈赛尔正在和自己的妻子散步，他看起来绝对是一个举止优雅的绅士，有着不菲的收入和娇美的妻子。但当理查德提起发生在波士顿的案件时，这位绅士却突然不自然起来，理查德进一步表明凶手叫作乔治·奈赛尔的时候，这位绅士的表情瞬间凝固了。发现异常之后，理查德迅速向警方报告了这一切，其后，又有两名自称从波士顿连环勒喉案中的扼杀狂手中逃脱的女子也站出来指证乔治·奈赛尔就是凶手。但遗憾的是，由于证据不足，依然没有办法证明乔治·奈赛尔就是凶手。这次的风波对奈赛尔来说算得上是虚惊一场，但似乎并没有对其之后的生活造成什么影响。

新的嫌疑人再次被排除后，波士顿连环勒喉案件的真相依旧是一个巨大的谜团。

不懈追踪：当年警方在德萨尔多认罪之后，曾放弃对一名具有重大嫌疑的人的调查。舍曼在排除德萨尔多的嫌疑之后，根据警方放弃的线索顺藤摸瓜在新英格兰北部找到了这位叫作 D 的嫌疑人。当嫌疑人 D 得知舍曼的来意之后，突然变得非常惊恐，先是极力否认自己是波士顿连环勒喉案的凶手，其后又开始否认自己杀过人。在舍曼看来，这简直就是漏洞百出，所以进行了持续的追问，并要求其进行测谎实验。事实上，两次测谎这名嫌疑人都没有通过，这更加坚定了舍曼对自己判断的自信。但这名嫌疑人表示只要有法庭的命令，他愿意配合进行 DNA 检测来证明自己无罪。

2000 年 10 月，马萨诸塞州的总检察长下令对萨利文的遗体重新进行 DNA 检测。但是，一方面由于年代久远，取证已经变得十分困难，另一方面案件已经过去将近 40 年，嫌疑人的面貌有了很大的变化，即便是当事人去指证也变得极不现实，案件始终没有什么实质性的进展。年逾半百的舍曼已经没有精力继续追查下去，这个案子几乎耗尽了他的一生，无论结果如何，舍曼都希望有生之年可以做一个了结。

在德萨尔多被无罪释放之后，又于 1967 年因另一件强奸案被判终身监禁，不知情的人都以为波士顿连环勒喉案的恶魔终于再次被关进监狱。1973 年，德萨尔多因在狱中与人斗殴而被杀，据说其曾经写过一首打油诗，其中有几句是这样的：

扼杀者的故事至今无人得知

十三个女人成为亡魂，有老的，也有少的

其四处飘荡行踪不定

何处藏身实难相告

这几句诗或许是后人杜撰，也可能确实是德萨尔多本人所写。如果真是出自其本人之手，那么他或许真的是案件的知情人。但半个世纪过去，由于种种原因，真相已经大部分被掩埋在土里，这起案件也成了屡被提及的著名的历史性悬案。

犯罪心理分析

或许是当时的 FBI 并没有足够的能力全权干涉此案，又或许是其他社会原因、时代原因所致，这个案子就这样一拖再拖，最终成了悬案。如果发生在现在，或许凶手很快就会被抓捕归案。

首先，根据连环杀人案中的性别以及年龄和地域分布，警方完全可以做出一个简单的地理侧写和犯罪心理侧写。比如，对方的目标是比较集中的某一类人群，那么，即便受害者都是随机目标，我们依然可以从中发现对方的诉求，这些受害者很可能是某个特定的人的替代品。如果对方的目标范围大致为整个女性群体，那么其憎恨的对象很可能就是整个女性群体，这样来判断就可以得出罪犯曾经在多个不同阶层、不同年龄段的女性身上受到过挫折。比如，一个罪犯如果表达出强烈的对于控制和尊严的渴望，那么就目前的社会情况来说，这类对自尊特别敏感的人多半是下层劳动者，并且是有一定文化程度的下层劳动者。他们曾经受到一定的良好教育，所以会觉得自己是文化人，是上层人士，但又不得不迫于现实环境从事最底层的体力劳动，理想和现实之间的差距足以让他们变得敏感而自卑。打个比方，如果某经理叫新来的员工去帮忙办件事，一般来说，这位员工一定觉得理所当然；但如果被喊住的这位员工资历颇老，甚至和现任经理竞争过经理这一职位，那么他很可能会认为经理之所以喊住他，不过是为了炫耀，抑或是为了报复和打压。但也许事实上，这只是一个随机事件，并不存在其他的主观因素。

让我们回到案件本身，在波士顿连环勒喉案当中，尸体鉴定报告中明确记载了这么一个细节，那就是“被异物强奸”，或许更标准地说就是被进行过性虐待。这就能反映出很多事实，如这个罪犯也许具有性功能障碍。如果说这些受害者都是某个人的替代物，那么也可能是因为这个罪犯的某位女性亲属行为比较出格。因为在一定程度上讲，凶手的行为也可以被认为是在惩罚。遍观中国古代的刑罚就可以了解，很多时候对女子不贞的惩罚就是采取类似的行为。但由于当时调查得不够彻底，时至今日也无法得知详细的尸检报告，所以自然无从得出准确的判断。

以上是对犯罪心理的侧写，可以反映出罪犯的心理诉求。此外，还有对地理环境的侧写，可以从中分析出罪犯的活动范围，甚至是生活范围，运气好的话，或许可以直接找到凶手的藏身之所。

面对连环杀人案，尤其是随机目标的连环杀人案，即便掌握了一定的线索，想要进行大规模排查也是相当困难的。这时，地理侧写就在一定程度上解决了这个问题。比如，凶手的第一个目标，一定会选择自己熟悉的目标及熟悉的地点，其后的目标或许会随着其手法的逐渐成熟而变得广泛，但也是一个渐进的过程，所以最开始的几起案件足以让专家分析出很多有用的线索。以本案为例，凶手不可能一开始就在整个波士顿到处犯案，所以其犯案地点会有一定的规律，如沿着某一条街或者围绕某一个地点。其第一个目标选择了萨利文，那么多半凶手在行凶之前已经对其有一定的了解，比如，知道她住哪里、家里又有些什么人等。罪犯几十年间一直未被抓获，排除警方的失误，我们可以判断出凶手是一个极度谨慎的人，多半没有和萨利文进行过直接接触，但可以凭借其他方式来掌握她的情况。比如，监视跟踪被害人，经常和被害人坐同一趟公车，或者经常听自己身边的人提起被害人的一些情况等。但或许是因为当时的警方并没有掌握类似的侦破手段，抑或是实际情况更加复杂，总之，这起案件一直悬而未决。

至于舍曼的行为则多半是再次做了无用功，因为案件毕竟已经过去几十年，凶手甚至很可能已经不在人世。而他所调查到的一些表现异常的人也许不过是当年的一些知情者，虽然不排除真凶就在其中，但时过境迁，想要从岁月的长河里将其揪出，实在不是一件容易的事情。

犯罪预防指南

比较来看，这类犯罪其实最难预防，因为罪犯的目标是随机的，而且有足够的耐心去选择合适的目标。作为一个普通人，我们总会有疏漏的时候，很难做到全天候高警惕、强预防。但这并不代表我们什么也不能做，我们还是可以努力提高自我保护的意识与能力，比如，尽量不要在凌晨或夜晚去人少的地方，一个人的时候一定要锁好门窗，发现身后一直会出现同一个陌生人的时候既不要急着回家，也不要乱跑，而要尽量往人多的地方走，因为回家很容易被潜在的罪犯找到自己的住处，而乱跑则很有可能会跑进死胡同，反而给罪犯提供了便利。如果周围有派出所的话就要尽量往派出所跑，没有的话，也要往有保安、有人群、有灯光的地方走，这样才能提高自己的安全系数。

前段时间网上报道了一则新闻：一位女士多次发现有人跟踪自己后，立即告诉丈夫。这位女士的丈夫认为立刻报警会打草惊蛇，所以安排了一出戏——在高速公路上安排自己的人逼停了跟踪妻子的车子，在抓住嫌犯的同时，还在对方的车上发现了绳子、麻药等绑架工具，就这样一场危险被轻松化解。这则新闻告诉我们，罪犯其实并不可怕，但我们要做到冷静处理。当然，这位先生的办法不建议一般人效仿，在发现危险时，迅速联系警察才是最正确的选择。

图书在版编目（CIP）数据

犯罪心理档案／曲楠著．—2版．—北京：中国法制出版社，2019.6

ISBN 978-7-5216-0222-7

Ⅰ.①犯…　Ⅱ.①曲…　Ⅲ.①犯罪心理学-通俗读物　Ⅳ.①D917.2-49

中国版本图书馆CIP数据核字（2019）第086737号

策划编辑/责任编辑：陈晓冉（chenxiaoran2003@126.com）　　封面设计：李　宁

犯罪心理档案

FANZUI XINLI DANG'AN

著者/曲　楠

经销/新华书店

印刷/北京海纳百川印刷有限公司

开本/710毫米×1000毫米　16开　　印张/15　字数/120千

版次/2019年6月第2版　　2019年6月第1次印刷

中国法制出版社出版

书号ISBN 978-7-5216-0222-7　　定价：42.80元

北京西单横二条2号

邮政编码100031　　传真：010-66031119

网址：http：//www.zgfzs.com　　**编辑部电话：010-66071900**

市场营销部电话：010-66033393　　**邮购部电话：010-66033288**

（如有印装质量问题，请与本社印务部联系调换。电话：010-66032926）